Frank Alink

Die Geheimnisse der Numerologie

Wichtige Schlüssel und umfassende Deutungen für
die großen Fragen und die kleinen Probleme des Lebens
Ein faszinierendes Spiel mit Zahlen

WINDPFERD
Verlagsgesellschaft mbH.

Titel der Originalausgabe *Spelen met Getallen*
Erschienen bei *Uitgeverij Schors, Amsterdam*

Übertragen aus dem Englischen von Ulla Weber

1. Auflage 1994
2. Auflage 1996
3. Auflage 2001

Umschlagdesign: Wolfgang Jünemann
Gesamtherstellung: Schneelöwe, D-87648 Aitrang
Gedruckt auf ENVIRO-Naturpapier: chlorfrei, säurefrei, aufhellerfrei
ISBN 3-89385-126-7

Printed in Germany

Widmung

Ich danke insbesondere Marjan,
die wesentlich
zur Verwirklichung dieses Buches
beigetragen hat.

Inhaltsverzeichnis

Vorwort

Das Buch *„Das Geheimnis der Numerologie"* enthält sorgfältig zusammengestellte und entwickelte Informationen und Anweisungen, die Sie ermutigen wollen, die aufregende Welt der Numerologie zu entdecken. Als Grundlage dient das theoretische Wissen über die Numerologie mit ihren jahrhundertealten Formeln, deren Ursprünge weit zurückreichen. Die Interpretationen der einzelnen Zahlen basieren jedoch auf neuesten Erkenntnissen hinsichtlich der Zusammensetzung und Struktur numerologischer Charakterbeschreibungen und Analysen. Demzufolge sind die Erläuterungen und die verwendeten Symbole modern und entsprechen der heutigen Zeit.

Durch die Einteilung in mehrere Gruppen und verschiedene Untergruppen erhält man eine detaillierte Übersicht der einzelnen Bereiche, die mit Hilfe der numerologischen Berechnung betrachtet werden sollen, und man kann so die Wechselbeziehungen zwischen den Zahlen leichter erkennen. Im Kapitel über das Vergleichen von Zahlen sind die möglichen Kombinationen numerologischer Werte aufgeführt. Anhand dieser Angaben kann man die numerologischen Namenszahlen von zwei oder mehreren Menschen vergleichen und erkennen, in welchen Bereichen eine Beziehung zum Beispiel harmonisch oder schwierig ist. Auch das Warum einer bestimmten Situation in einer Beziehung kann durch diesen Vergleich klar werden. Das Kapitel über die numerologische Zahlenanalyse enthält eine Zusammenfassung der persönlichen Zahlen und ihrer Stellung zueinander und gibt dem Leser einen Einblick in die zahlreichen und faszinierenden Aspekte des Lebens der betreffenden Person und deren Bedeutung.

Wenn man das Computerprogramm *Merlin** verwendet, mit dem zum Beispiel die zeitraubende Berechnung der Zahlen schnell und einfach ausgeführt wird, erhält man einen leichteren Zugang zur Numerologie und wird diese Wissenschaft noch interessanter finden. Zur *Merlin*-Sammlung gehören außerdem

---

*PC-Merlin, Windpferd, Aitrang, 1995

die folgenden Programme: Biorhythmus, I Ging und Tarot, die mit allen Computersystemen ausgeführt werden können. Weitere Informationen sind im Kapitel über die numerologischen Berechnungen mit dem Computer enthalten.

1. Einleitung

Die Wissenschaft der Numerologie ist sehr alt, sie soll sogar älter als die Astrologie sein. Ihre Anfänge reichen mehrere Jahrhunderte vor Christus zurück, und schon die jüdischen Kabbalisten, die Griechen, die alten Ägypter und die Mesopotamier nahmen an, daß Zahlen mehr als nur numerische Werte sind. Sie entdeckten Zusammenhänge zwischen Klang beziehungsweise Form und Auswirkungen oder Phänomenen, die mit Hilfe von numerologischen Zahlen interpretiert werden können.

Da den vielen verschiedenen Ebenen der menschlichen Existenz eine allumfassende Verbindung zugrundeliegt, ist gewährleistet, daß jeder Mensch den zu ihm passenden Namen bekommt. Durch die numerologischen Zahlen, die dem Klang und der Form der Buchstaben eines Namens entsprechen, erhält man ein Bild dieses Menschen. Zuerst ordnet man dem Namen die entsprechenden Zahlen zu und reduziert diese anschließend mit Hilfe spezieller Methoden auf einen numerologischen Wert, der eine bestimmte Bedeutung hat. Auf diese Weise kann man sehr leicht erkennen, welche Kräfte und Einflüsse bei diesem Namen wirksam sind und welche Art von Persönlichkeit sich hinter dem Träger dieses speziellen Namens verbirgt. Deshalb waren die Menschen früher mit der Angabe ihres Namens sehr vorsichtig, weil sie vermeiden wollten, daß andere etwas über sie erfahren und Macht über sie bekommen.

Die numerologischen Zahlen sagen aufgrund ihrer tiefen, symbolischen Bedeutung sehr viel über die Kräfte, Rhythmen und Regelmäßigkeiten aus, die in uns und in unserer Umgebung wirksam sind. Mit Hilfe der Numerologie kann der persönliche Lebensrhythmus und seine Verbindung zum Rhythmus des Universums erklärt und deutlich gemacht werden. Durch eine numerologische Analyse erfährt man mehr über sich selbst, seine Aktivitäten, Fähigkeiten, Talente und Berufswahl sowie über die Beziehungen zu Kindern, Partner, Familie, Freunden und Kollegen. Auch kann man dadurch Einblick in angenehme und vielleicht auch weniger angenehme Perioden seines Lebens bekommen.

Die aus einem Namen abgeleitete Kombination von Zahlen steht für eine einmalige, individuelle Persönlichkeit mit ihren eigenen, einmaligen Möglichkeiten, die je nach Umständen auf befriedigende Weise oder ungenügend ausgedrückt werden können. Diese Umstände werden im Laufe des Lebens weitgehend durch das enge Zusammenwirken zwischen dem Menschen selbst und seiner Umgebung geformt.

Herausforderungen und Situationen, die eine Vielzahl von Erfahrungen möglich machen, stellen einen fruchtbaren Boden für die persönliche Entwicklung eines Menschen dar. Durch diese mannigfaltigen Erfahrungen kann man sich bestimmter Aspekte des menschlichen Lebens bewußt werden und wird letztendlich durch diese Offenheit sich selbst und anderen gegenüber verständnisvoller und toleranter.

Als menschliches Wesen haben Sie sich auf das „Abenteuer Leben" eingelassen. Dies erlaubt Ihnen, Bekanntschaft mit der großen Vielfalt von Erfahrungen und Möglichkeiten zu machen. Wenn Sie die Begegnung mit einem bestimmten Aspekt gemacht haben, folgt ein weiteres Thema aus Ihren Lebenslektionen, das Ihr Interesse anzieht und/oder Ihre ganze Aufmerksamkeit beansprucht.

Gut und Böse, Angenehm und Unangenehm, Positiv und Negativ sind Pole, die sich gegenseitig bedingen, und die, betrachtet man sie von verschiedenen Standpunkten aus und mit unterschiedlichen Erfahrungswerten, völlig verschiedene Dimensionen aufweisen. Mit Hilfe der Numerologie kann man sich auch auf intuitive Weise dieser Lebensaspekte mehr bewußt werden und lernen, diese Erfahrungen zuzulassen und umzusetzen. Hierbei ist nicht nur die direkte Bedeutung der numerologischen Zahlen, sondern auch das Gespür für ihre wechselseitige Verbindung von großer Bedeutung.

1.1 Allgemeine Regeln und numerologische Berechnungen

Die Zahlen 1 bis 9 sowie 11, 22 und 33 werden hauptsächlich als numerologische Werte verwendet. Im folgenden wird ihre symbolische Grundbedeutung aufgeführt:

Zahl:	*Grundbedeutung:*
1	Impuls, Ehrgeiz, Neuanfang
2	Kooperation, Dualität
3	Ausdruck, Aktivität
4	Struktur, Detail
5	Herausforderung, Veränderung
6	Rat, Schutz
7	Studium, Perfektion, Einsicht
8	Rechtschaffenheit, Materie
9	Vollendung, Erfüllung, Verständnis
11	Inspiration, innere Stärke
22	Verwirklichung von Idealen
33	Erwachen, Bewußtsein

Alle Zahlenkombinationen können fast immer auf eine *einstellige* Zahl reduziert werden, mit Ausnahme der Zahlen 11, 22 und 33. Wenn man diese Zahlen als Ergebnis erhält, bleiben sie aufgrund ihrer speziellen Bedeutung in der Numerologie unverändert, das heißt, sie werden *nicht* auf eine einstellige Zahl reduziert.

Beispielsweise werden bei der Zahl 35 die Zahlen 3 und 5 addiert; das Ergebnis ist der Wert 8 als *numerologischer Endwert.*

35 = 3 + 5 = **8**

Wenn die Quersumme eine mehrstellige Zahl ist, die *nicht* 11, 22 oder 33 entspricht, werden die Zahlen solange addiert, bis man eine einstellige Zahl oder die Zahl 11, 22 oder 33 erhält. Anhand der Zahl 48 wird gezeigt, wie diese Zahl in zwei Schritten auf den numerologischen Wert 3 reduziert wird:

1. Schritt: 48 = 4 + 8 - 12
2. Schritt: 12 = 1 + 2 = **3**

Im nächsten Beispiel ist die Zahl 11 das Ergebnis einer numerologischen Berechnung. Da diese Zahl eine spezielle Bedeutung hat, wird sie nicht weiter reduziert.

47 = 4 + 7 = **11**

Endet die erhaltene Zahl mit einer Null (0), so wird die Null bei der Berechnung *nicht* berücksichtigt.

10 = 1 + 0 = **1**

Wenn die Zahlen 11, 22 oder 33 Teil einer größeren Zahl sind, werden sie nicht als numerologischer Endwert betrachtet.

311 = 3 + 1 + 1 = **5**

Im nächsten Abschnitt werden die Buchstaben des Alphabets aus numerologischer Sicht erläutert. Jedem Buchstaben oder mehreren Buchstaben gemeinsam ist ein *Zahlenwert* zugeordnet, zum Beispiel haben die Buchstaben *a*, *j* und *s denselben Wert* 1, *b* und *t* den Wert 2 und so weiter.

Wert:	*Buchstaben:*		
1	A	J	S
2	B		T
3	C	L	U
4	D	M	
5	E	N	W
6	F	O	X
7	G	P	Y
8	H	Q	Z
9	I	R	
11		K	
22			V

Anmerkung:
Um die Zahlenwerte richtig zuzuordnen, werden die Umlaute der deutschen Sprache wie folgt geschrieben:

Ö = OE
Ä = AE
Ü = UE

Anhand dieser den einzelnen Buchstaben zugeordneten Zahlen können die numerologischen *Endwerte von Worten und Namen* berechnet werden. Dabei sind die folgenden Regeln zu beachten:

- Besteht ein Name aus mehreren, mit einem *Bindestrich* verbundenen Einzelnamen, so werden diese als ein Name angesehen: Marie-Luise wird zu MarieLuise, Hans-Peter wird zu HansPeter.
- Städtenamen werden die Zahlenwerte entsprechend der üblichen Schreibweise zugeordnet, zum Beispiel: St. Goar.
- Familiennamen, die sich aus *Doppelnamen* mit Bindestrich zusammensetzen und bei denen kein Titel wie von, van, de oder de la verwendet wird, werden als ein Name angesehen: Klaus Schott-Fischer wird zu Klaus SchottFischer.
- Wird der Buchstabe Y am Wortanfang oder im Wort verwendet und wie ein J ausgesprochen, erhält er den Wert des Buchstabens J.

Es folgen einige Beispiele für numerologische Berechnungen unter Berücksichtigung der genannten Regeln:

F R A N K

6 + 9 + 1 + 5 + 11 – 32 – 3 + 2 – **5**

G E Y(J) E R

7 + 5 + 1 + 5 + 9 = 27 = 2 + 7 = **9**

A P F E L

1 + 7 + 6 + 5 + 3 = **22**

B A S T E R S

2 + 1 + 1 + 2 + 5 + 9 + 1 = 21 = 2 + 1 = **3**

Y (J) O G A

1 + 6 + 7 + 1 = 15 = 1 + 5 = **6**

V O N

22 + 6 + 5 = **33**

K A S T N E R

11 + 1 + 1 + 2 + 5 + 5 + 9 = 34 = 3 + 4 = **7**

R A P P
9 + 1 + 7 + 7 = 24 = 2 +4 = **6**

M E R K E L
4 + 5 + 9 +11+ 5 + 3 = 37 = 3 + 7 = 10 = 1+ 0 = **1**

ein Wort: Rapp-Merkel = RappMerkel
Rapp = 6 + Merkel = 1 = Rapp-Merkel = **7**

K R E U Z
11+9 + 5 + 3 + 8 = 36 = 3 + 6 = **9**

2. Die fünf Grundzahlen

Diese Zahlen entsprechen im wesentlichen den fünf wichtigsten Charaktermerkmalen eines Menschen. Zuallererst muß zwischen den inneren und äußeren Aspekten der Persönlichkeit unterschieden werden.

Die *Seelenzahl* steht für den innersten, tiefsten und ehrlichsten Aspekt einer Persönlichkeit und stellt den kraftvollsten Antrieb für die Verwirklichung von Idealen und Lebenszielen dar.

Der wichtigste nach außen gerichtete Aspekt wird in der *Zahl für das soziale Verhalten* (*Verhaltenszahl*) wiedergegeben. Diese Zahl gibt Aufschluß darüber, wie andere Menschen die betreffende Person sehen und wie sich diese Person selbst als Bindeglied in der Gesellschaft sieht. Aus diesen Zahlen ist ersichtlich, ob die inneren und äußeren Persönlichkeitsmerkmale harmonisch zusammenarbeiten können: Passen die Merkmale zusammen oder nicht?

Zwischen diesen beiden gibt es einen dritten sich ändernden Aspekt: das *stärkste menschliche Bedürfnis*, ausgedrückt durch die *Entwicklungszahl*. Solch ein Bedürfnis kann mit dem tiefsten inneren Verlangen der Seele, mit dem sozialen Verhalten, mit beiden oder keinem der beiden Aspekte harmonisch übereinstimmen. Zusammen ergeben die drei Aspekte einen allgemeinen Eindruck der Persönlichkeit: Fühlt sich die betreffende Person als eine oder mehrere Persönlichkeiten?

Das Ziel, das ein Mensch in seinem Leben zu verwirklichen sucht, drückt sich in der *Zielzahl* aus. Aus dieser Zahl ist auch in hohem Maße die Handlungsweise des Betreffenden ersichtlich, die im Widerspruch zum innersten Verlangen und zu den menschlichen Bedürfnissen stehen kann. Es kann auch bedeuten, daß das Verhalten dieser Person im sozialen Miteinander in kritischen Situationen vollkommen anders als erwartet ist.

Die fünfte Zahl in der numerologischen Berechnung, die *Lebenslaufzahl*, zeigt die Chancen der betreffenden Person auf, um ihre Ziele leichter zu erreichen.

2.1 Berechnen der fünf Grundzahlen

Bei diesem Beispiel zur numerologischen Berechnung sollen die folgenden Daten einer fiktiven Person verwendet werden.

Geburtsname:	Alexander Michael Merkel-Barth
Heute gebräuchlicher Name:	Alexander Merkel-Barth
Geburtsort:	Kempten
Wohnort:	Berlin
Geburtsdatum:	22. Februar 1955
Geburtszeit:	7.11 Uhr

Der Geburtsname muß die Angaben enthalten, die in das *Geburtsregister* eingetragen wurden. Der heutige Name ist der derzeit verwendete Name einer Person, das heißt, der vom Betreffenden verwendete Vorname und der *gesetzliche Nachname.* Zum Beispiel: Geburtsname Ernst Peter Funke und heute gebräuchlicher Name Ernst Funke; Geburtsname Johanna Silvia Kögel und heute gebräuchlicher Name Hanna Funke.

2.1.1 Berechnen der Seelenzahl

Die Seelenzahl erhält man durch Addieren der Werte für die *Vokale a, e, i, o, u* und *y*, die im Geburtsnamen vorkommen. Dazu werden zuerst den einzelnen Vokalen eines Wortes die Zahlenwerte zugeordnet, addiert und auf einen numerologischen Wert reduziert. Anschließend werden die Werte der einzelnen Namen addiert und, falls erforderlich, auf einen numerologischen Wert reduziert.

A	L	E	X	A	N	D	E	R				
1		+ 5		+ 1			+ 5					= 12 = 1 + 2 = 3
M	I	C	H	A	E	L						
	9			+ 1	+ 5							= 15 = 1 + 5 = 6
M	E	R	K	E	L	-	B	A	R	T	H	
	5			+ 5				+ 1				= 11

Endwert: 3 + 6 + 11 = 20 = 2 + 0 = **2**

2.1.2 Berechnen der Verhaltenszahl

Die Verhaltenszahl erhält man durch Addieren der Zahlenwerte *aller Buchstaben* des Geburtsnamens. Dazu werden zuerst den Buchstaben jedes Namens die Zahlenwerte zugeordnet, addiert und auf den numerologischen Namenswert reduziert. Anschließend werden die Werte der einzelnen Namen addiert und, falls erforderlich, auf einen numerologischen Wert reduziert.

A L E X A N D E R
1 + 3 + 5 + 6 + 1 + 5 + 4 + 5 + 9 = 39 = 3 + 9 = 12 = 1 + 2 = 3

M I C H A E L
4 + 9 + 3 + 8 + 1 + 5 + 3 = 33

M E R K E L - B A R T H
4 + 5 + 9 + 11 + 5 + 3 + 2 + 1 + 9 + 2 + 8 = 59
= 5 + 9 = 14 = 1 + 4 = 5

Endwert: 3 + 33 + 5 = 41 = 4 + 1 = **5**

2.1.3 Berechnen der Entwicklungszahl

Die Entwicklungszahl erhält man durch Addieren der Zahlenwerte *aller Konsonanten* der Geburtsnamen. Dazu werden zuerst den Konsonanten der einzelnen Namen die Zahlenwerte zugeordnet, addiert und auf einen numerologischen Wert reduziert. Anschließend werden die Werte der einzelnen Namen addiert und, falls erforderlich, auf einen numerologischen Wert reduziert.

A L E X A N D E R
3 + 6 + 5 + 4 + 9 = 27 = 2 + 7 = 9

M I C H A E L
4 + 3 + 8 + 3 = 18 = 1 + 8 = 9

M E R K E L - B A R T H
4 + 9 + 11 + 3 + 2 + 9 + 2 + 8 = 48
= 4 + 8 = 12 = 1 + 2 = 3

Endwert: 9 + 9 + 3 = 21 = 2 + 1 = **3**

2.1.4 Berechnen der Zielzahl

Die Zielzahl erhält man durch Addieren der einzelnen numerologischen Werte des *Geburtstags*, *Geburtsmonats* und *Geburtsjahrs* und Reduzieren des Ergebnisses auf einen numerologischen Wert. (Beispiel: 22.02.1955)

1955 = 1 + 9 + 5 + 5 = 20 = 2 + 0 = 2
2 = 2
22 = 22

Endwert: 2 + 2 + 22 = 26 = 2 + 6 = **8**

2.1.5 Berechnen der Lebenslaufzahl

Die Lebenslaufzahl erhält man durch Addieren der *Zahl des Tierkreiszeichens* und der *Zielzahl*. Liegt das Geburtsdatum zwei Tage vor oder nach dem Wechsel des Tierkreiszeichens (wenn die Sonne in das nächste Tierkreiszeichen wandert), werden die Zahlen von beiden Tierkreiszeichen zu der Zielzahl addiert. Den Tierkreiszeichen sind die folgenden numerolgoischen Werte zugeordnet:

Wert:	*Tierkreiszeichen*:	
1	Widder	(21. März bis 20. April)
2	Stier	(21. April bis 21. Mai)
3	Zwilling	(22. Mai bis 21. Juni)
4	Krebs	(22. Juni bis 22. Juli)
5	Löwe	(23. Juli bis 23. August)
6	Jungfrau	(24. August bis 23. September)
7	Waage	(24. September bis 23. Oktober)
8	Skorpion	(24. Oktober bis 22. November)
9	Schütze	(23. November bis 21. Dezember)
10	Steinbock	(22. Dezember bis 20. Januar)
11	Wassermann	(21. Januar bis 19. Februar)
12	Fische	(20. Februar bis 20. März)

Alexander wurde am 22. Februar 1955 im Sonnenzeichen der Fische geboren. Da seine Geburt zwei Tage nach dem Wechsel des Tierkreiszeichens stattfand, müssen bei diesem Beispiel der Zahlenwert des vorhergehenden Sonnenzeichens, der Zahlenwert des tatsächlichen Sonnenzeichens und die Zielzahl addiert werden (*Tierkreiszeichenberechnung*):

Fische + Wassermann + Zielzahl = 12 + 11 + 8 = 31 = 3 + 1 = **4**

2.2 Bedeutung der fünf Grundzahlen

2.2.1 Bedeutung der Seelenzahlen

Die Seele ist die innere treibende Kraft jedes Wesens. Alles hat eine Seele und wird durch eine mächtige Energiekonzentration belebt und inspiriert. Diese Energie sollte auch als die Essenz allen Lebens gesehen werden. Die vielen Planeten, die Sonnensysteme, die lebenden und nicht lebenden Formen sind alle Teil derselben Energiequelle und haben dort ihren Ursprung. In der Evolutionstheorie wird ausgesagt, daß der physische Körper sich immer weiterentwickelt. Aber nicht nur der Körper, sondern auch die Seele entwickelt sich weiter, und während dieses Evolutionsprozesses kann sie die vielen verschiedenen Lebensformen und Gelegenheiten, die das Leben bietet, nutzen. Der menschliche Körper ist eine der vielen Formen, die die Seele als Gefährt und Instrument auswählen kann, um Erfahrungen zu machen und sich dadurch zu entwickeln. Unsere Seele zeigt uns unsere tiefsten inneren Wünsche und das Idealbild, das wir von uns selbst haben. Die Bedeutung der einzelnen Seelenzahlen wird im folgenden beschrieben:

Seelenzahl 1

Der männliche Aspekt ist bei Ihnen besonders ausgeprägt; deshalb erscheinen Sie anderen oft als hart und distanziert. Ihre innere Kraft beruht auf Unabhängigkeit, Führungsqualitäten und Originalität.

Die Erfindungsgabe ist Ihre größte treibende Kraft. Deshalb haben Sie viele originelle Ideen. Oft sind Sie auf sich selbst gestellt und akzeptieren nur selten Hilfe von anderen, da Sie lieber alles selbst machen wollen. Möglicherweise fühlen Sie sich schnell allein und einsam.

Die Suche nach Einheit und Genügsamkeit in sich selbst ist für Sie sehr bedeutend. Der Einfluß dieser Zahl kann in kritischen Situationen oder schwierigen Zeiten abgeschwächt oder besonders stark sein. Das folgende kann dann typisch sein: Egoismus, „zu Tode erschrocken" über das, was andere über Sie sagen, Verwirrung, Abhängigkeit, Wunsch, anderen Ihren Willen aufzuzwingen, Nachahmen anderer Menschen.

Seelenzahl 2

Der weibliche Aspekt ist bei Ihnen besonders ausgeprägt; deshalb erscheinen Sie anderen oft als weich. Ihre innere Stärke beruht auf Kooperation, Sensitivität und taktvollem Handeln.

Ihre Stimmungen und Gefühle sind wechselhaft und für äußere Einflüsse sehr empfänglich. Sie sind schnell schockiert, leicht verletzt und verlieben sich sehr schnell. Jedoch verschwinden diese Gefühle so rasch, wie sie gekommen sind. Nur das Wesentliche bleibt.

Ihnen fällt es schwer, sich spontan eine Meinung zu bilden. Hier findet man den fanatischen Sammler von allerlei Gegenständen, der soviel wie möglich „sein eigen" nennen will. Unterscheidungsvermögen zählt nicht zu Ihren starken Seiten.

In kritischen Situationen oder schwierigen Zeiten kann der Einfluß dieser Zahl abgeschwächt oder besonders stark sein. Das folgende kann dann typisch sein: Launenhaftigkeit, Pedanterie, Taktlosigkeit und Überempfindlichkeit.

Seelenzahl 3

Sie sind sehr vielseitig. Sie können die Rolle des Vaters, der Mutter oder des Kindes mit gleicher Leichtigkeit übernehmen. Ihre innere Stärke basiert auf Ihrem Wesen, der Kommunikation und dem Ausdruck. Sie empfinden große Liebe und Achtung für alles, was lebt oder was dieses Leben hervorgebracht hat.

Künstlerische Neigungen aller Art sind hier sehr oft zu finden, denn Sie schätzen die schönen Künste und die Musik. Auch erkennen Sie die Schönheit in den Menschen und Dingen Ihrer Umgebung. Sie kommen in Kontakt mit den verschiedensten Formen des Selbstausdrucks, an denen Sie sich sowohl aktiv als auch passiv erfreuen.

Die Fähigkeit, sich selbst so auszudrücken, daß man von

anderen leicht verstanden wird, ist an sich eine Kunst. Ebenso ist es eine ganz besondere Eigenschaft zu wissen, wie man andere zur Kommunikation anregt. Da Ihre Interessen so vielfältig sind, ist es Ihnen oft nicht möglich, konzentriert bei einer Sache zu bleiben. Sie neigen dazu, Begonnenes nicht zu beenden.

In kritischen Situationen oder schwierigen Zeiten kann der Einfluß dieser Zahl abgeschwächt oder besonders stark sein. Das folgende kann dann typisch sein: Oberflächlichkeit, Nervosität, zu viel Reden, Eifersucht und Tendenz, sich in alles einzumischen.

Seelenzahl 4

Ihr besonderes Kennzeichen ist die Willenskraft. Die Zahl 4 steht für einen eher passiven und abwartenden Charakter. Ihre innere Stärke beruht auf Ihrer Beharrlichkeit und Ihrem starken Willen. Aufgrund Ihrer abwartenden Haltung beobachten Sie genau, bevor Sie Entscheidungen treffen und handeln.

Sie geben Ihr Bestes, um ein bestimmtes Ziel zu erreichen, und solange Sie es für notwendig erachten, konzentrieren Sie Ihr ganzes Denken auf Ihr Ziel. Sie versuchen, Ihre Wünsche immer wieder auf dieselbe Art und Weise zu erreichen, was sich in Ihrer Haltung durch ein sich kaum veränderndes Verhaltensmuster ausdrückt. Pflichtbewußtsein ist hier besonders stark ausgeprägt.

In kritischen Situationen oder schwierigen Zeiten kann der Einfluß der Seelenzahl abgeschwächt oder besonders stark sein. Das folgende kann dann typisch sein: Kleinlichkeit, unangebrachte Schuldgefühle, aggressives Verhalten durch zu angespannte Konzentration, Verschlossenheit gegenüber neuen Ansichten, Hartnäckigkeit und Besitzgier.

Seelenzahl 5

Der männliche und weibliche Aspekt ist bei Ihnen gleichermaßen stark vertreten. Die Wahrnehmung der Außenwelt über die fünf Sinne (Hören, Sehen, Fühlen, Riechen und Schmekken) ist besonders ausgeprägt. Sie lernen das Leben in seiner ganzen Vielfalt sehr gut kennen, da Sie mit zahlreichen Menschen in Kontakt kommen und die verschiedensten Erfahrungen in Ihrem Leben sammeln.

Vielseitigkeit und Abwechslung durch Reisen spielt in Ihrem Leben eine große Rolle. Auch halten Sie sich gerne an Plätzen mit vielen Menschen auf. Sie sind von Natur aus herzlich und sympathisch und strahlen auf Ihre Umgebung eine besondere Attraktivität aus. Aber ebenso wie Schönes können Sie auch Unangenehmes anziehen.

In kritischen Situationen oder schwierigen Zeiten kann der Einfluß dieser Zahl abgeschwächt oder besonders stark sein. Das folgende kann dann typisch sein: Unzuverlässigkeit, keine Übernahme von Verantwortung, Angst und Vernachlässigen des Körpers.

Seelenzahl 6

Der fürsorgliche Aspekt ist bei Ihnen besonders ausgeprägt. Die Zahl 6 steht für Passivität. Sie sind sehr empfänglich, und das Leben führt Sie immer wieder in neue Gruppenerfahrungen. Sie erkennen in anderen sehr viel von sich selbst. Ihr Zuhause, Ihre Familie, Verwandte und Freunde sind für Sie sehr wichtig. Es scheint, als ob Sie automatisch Leute mit Problemen anziehen, und Sie lassen diese Menschen erst wieder los, wenn ihre Probleme gelöst sind. Hier werden Eigenschaften wie Verläßlichkeit, Freundlichkeit, Verantwortungsbewußtsein und Sorge für andere eingesetzt.

In kritischen Situationen oder schwierigen Zeiten kann der Einfluß dieser Zahl abgeschwächt oder besonders stark sein. Das folgende kann dann typisch sein: Eifersucht, zu konservatives Denken, Einmischung in Dinge, die Sie nichts angehen, und zu starkes Verinnerlichen von Kritik.

Seelenzahl 7

Der analysierende Aspekt ist bei Ihnen sehr ausgeprägt; Sie sind ein Denker. Ihre innere Stärke beruht auf Ihrer Objektivität. Sie lieben es, wenig zu sprechen, besitzen aber sehr viel Fachwissen. Sie sind Ihrem Wesen nach introvertiert und beschaulich und suchen in allem Frieden und Ruhe. Eine Ihrer Lieblingsbeschäftigungen ist das Schmökern in einem Buch. Am meisten beunruhigt Sie die Angst vor der Einsamkeit. Tatsächlich schaffen Sie sich die Situationen, in denen Sie einsam sind, selbst. Von Zeit zu Zeit müssen Sie allein sein, um in

Ruhe das Für und Wider zum Beispiel einer Entscheidung abzuwägen.

Als Denker können Sie Situationen so eingehend analysieren, daß Sie nur noch die Einzelheiten sehen und dabei das Ganze aus den Augen verlieren. Obwohl Sie sehr feinfühlig sind, „fühlen" Sie mehr mit dem Kopf statt mit dem Herzen. Wenn sich Ihre Gedanken ständig im Kreis drehen, können Sie sehr niedergeschlagen sein. Um aus dieser betrübten Stimmung herauszukommen, ist es ratsam, ganz bewußt das Fühlen mehr als das Denken zu betonen. Ihre Aufmerksamkeit wird von Gegenständen und Menschen früherer Generationen angezogen, für deren Ausstrahlung Sie besonders feinfühlig sind. Alles, was „alt" ist, übt eine Faszination auf Sie aus.

In kritischen Situationen oder schwierigen Zeiten kann der Einfluß dieser Zahl abgeschwächt oder besonders stark sein. Das folgende kann dann typisch sein: Niedergeschlagenheit, Pessimismus, Zurückhaltung, Unfähigkeit, auf andere zuzugehen, Angst und Subjektivität.

Seelenzahl 8

Führungseigenschaften sind bei Ihnen besonders stark ausgeprägt. Als der geborene Führer besitzen Sie viele kreative Fähigkeiten, und Ihre innere Stärke beruht vor allem auf Ihrem Selbstvertrauen. Sie gehören nicht zu den Menschen, die Probleme oder Schwierigkeiten meiden, im Gegenteil: Sie betrachten diese als Herausforderung. Dinge, die leicht von der Hand gehen, langweilen Sie sehr schnell. Haben Sie erkannt, welche Möglichkeiten Geld und Besitztum bieten, werden diese auch von Ihnen genutzt. Organisieren ist eine Ihrer Stärken, die auf Ihren kreativen Fähigkeiten beruht. Obwohl Sie der Außenwelt als hart erscheinen mögen, haben auch Sie intensive Gefühle, die Sie jedoch nicht unbedingt allen zeigen müssen. Bei dieser Seelenzahl findet man ehrliche und vertrauenswürdige Menschen, auf die man sich verlassen kann.

In kritischen Situationen und schwierigen Zeiten kann der Einfluß dieser Zahl besonders stark oder eher abgeschwächt sein. Das folgende kann dann typisch sein: Rücksichtslosigkeit, Unzuverlässigkeit, Herumkommandieren, Ellenbogenmentalität und Faulheit.

Seelenzahl 9

Grundsätzlich sind Sie sehr offen und selbstlos und gehen mit sich selbst liebevoll und verständnisvoll um. Der weibliche Aspekt ist stark ausgeprägt. Sie wissen in Ihrem Innersten, warum andere in einer bestimmten Art und Weise handeln, und können auch den Sinn erkennen. Sie lieben Menschen und Tiere und sorgen oft mehr für sie als für sich selbst.

Sie scheinen eine Art „Antenne“ zu haben, mit der Sie Gedanken und Gefühle empfangen können. Aufgrund der Herzenswärme, die Sie ausstrahlen, gewinnen Sie schnell das Vertrauen anderer. Automatisch werden Menschen zu Ihnen hingezogen, die Nähe und Geborgenheit brauchen. Da Sie Wärme und Liebe mit offenem Herzen schenken, verwechseln Sie manchmal das Gefühl der Zuneigung mit dem tieferen Gefühl der Liebe zu einem bestimmten Menschen. Sie können sich sehr schnell verlieben; jedoch vergehen diese Gefühle genauso schnell, wie sie gekommen sind. Da Sie sich selbst als Teil der gesamten Menschheit sehen, fällt es Ihnen schwer, sich als eigenständige Persönlichkeit zu entwickeln.

In kritischen Situationen oder schwierigen Zeiten kann der Einfluß dieser Zahl besonders stark oder abgeschwächt sein. Das folgende kann dann typisch sein: Bitterkeit, Trennung, starke emotionale Reaktionen, Jammern, sentimentale Stimmungen und Suchen von Entschuldigungen für vergangene Handlungen.

Seelenzahl 11

Sie besitzen sehr viel Energie. Sie sollten sie effektiv einsetzen, um sie nicht zu vergeuden. Die intuitiven Kräfte sind bei Ihnen stark ausgeprägt, und Sie sind fähig, Ihre eigenen Ideen zu verwirklichen. Vorherrschend bei dieser Seelenzahl ist der männliche Aspekt, jedoch ist auch der weibliche stark vorhanden. Möglicherweise leiden Sie unter Nervosität und sind geistesabwesend, besonders wenn Sie sich nicht aktiv mit etwas beschäftigen. Andererseits besteht jedoch die Gefahr, daß Sie bei ihren Aktivitäten zu eifrig und hektisch sind. Sie übernehmen oft Gefühle und Gedanken anderer und sind sehr leicht verletzt. Bilder üben eine starke Wirkung auf Sie aus, unabhängig davon, ob diese im Fernsehen oder unmittelbar erlebt werden. Obwohl Sie für andere Meinungen sehr offen sind, sind Sie in Ihrem eigenen Leben oft sehr streng und engstirnig. Sie können andere erst dann von Ihren Ansichten überzeugen, wenn Sie ihre Einstellung oder Meinung aufgrund eigener Erfahrungen als richtig erkannt haben.

Wenn Sie nicht aus der eigenen Praxis sprechen, stellen Sie sich ständig selbst in Frage. Oft können Sie sich nicht gut konzentrieren, da Sie in Gedanken ganz woanders sind. Sie müssen Theorien praktisch ausprobieren, um diese im Gedächtnis zu behalten. Das tägliche Leben erscheint Ihnen oft unwirklich; deshalb fällt es Ihnen schwer, mit den Situationen, die Ihnen das Leben bringt, umzugehen. Unerwartete, schockierende Ereignisse sind oft notwendig, um Sie wieder in Kontakt mit der Realität zu bringen.

In kritischen Situation oder schwierigen Zeiten kann der Einfluß dieser Zahl entweder sehr stark oder abgeschwächt sein. Das folgende kann dann typisch sein: Minderwertigkeitskomplexe, Selbstverherrlichung, Unbestimmtheit, Bereitschaft, allem und jedem zuzustimmen, zu ausgeprägtes Selbstbewußtsein, Eifersucht, Arroganz und Ruhelosigkeit.

Seelenzahl 22

Eine Ihrer wichtigsten Tätigkeiten ist, aus Chaos Ordnung zu schaffen, und das nicht nur im eigenen Denken, sondern auch im Denken anderer. Sie versuchen unermüdlich, alles perfekt zu machen. Vollkommenheit ist eines Ihrer höchsten Ziele. Es gibt nur sehr wenig Menschen, die Sie richtig verstehen. Sie erleben immer wieder Zeiten, in denen Sie an allem und jedem zweifeln, ganz besonders an sich selbst.

Sie sind sehr kreativ, besitzen eine große Erfindungsgabe und haben auch entsprechend viel Energie, um Ihre Ideen zu verwirklichen. Der weibliche Aspekt ist hier vorherrschend, jedoch ist auch der männliche Aspekt stark ausgeprägt. Ihre große Sensibilität und Verletzbarkeit tragen nicht zur Stärkung Ihres Selbstvertrauens bei. Ihnen steht viel Energie zur Verfügung, die aber konstruktiv eingesetzt werden muß; andernfalls führt sie zu Nervosität.

Da Ihnen Unstimmigkeiten zuwider sind, setzen Sie alles daran, um in disharmonischen Situationen Harmonie zu schaffen. Kleinigkeiten können Ihre ganze Aufmerksamkeit in Anspruch nehmen, so daß Sie oft die Hauptsache aus den Augen verlieren. Sie mögen Menschen, sind sehr freundlich und hilfsbereit, wenn Hilfe erforderlich ist. Sie haben Führungsqualitäten und erscheinen anderen aufgrund Ihrer Ehrlichkeit vertrauenswürdig. In kritischen Situationen oder schwierigen Zeiten kann der Einfluß dieser Zahl besonders stark oder abgeschwächt sein. Das folgende kann dann typisch sein: Keine Bereitschaft, andere Meinungen zu erwägen, gedankenloses Handeln, den großen Chef spielen, Eifersucht und Unehrlichkeit, Distanziertheit, Arroganz und Minderwertigkeitsgefühle.

Seelenzahl 33

Sie sind für die Gefühle und Bedürfnisse anderer sehr empfänglich. Der fürsorgliche Aspekt ist stark ausgeprägt. Sie neigen dazu, jemandem zu sagen, wie er leben soll. Anderen einen Rat zu geben ist typisch für Sie; aber das, was Sie „predigen", leben Sie in Ihrem eigenen Leben. Sie wissen also, wovon Sie sprechen. Deshalb mag man Sie so, wie Sie sind.

Andere beneiden Sie um das, was sie selbst nicht haben, und fühlen sich deshalb minderwertig. Ihnen steht sehr viel Energie zur Verfügung; das kann in Ihnen selbst und bei Menschen Ihrer Umgebung zu Nervosität führen.

In kritischen Situationen oder schwierigen Zeiten kann der Einfluß dieser Zahl besonders stark oder abgeschwächt sein. Das folgende kann dann typisch sein: starkes Verlangen nach Besitz, Einmischung in fremde Angelegenheiten, Ruhelosigkeit, Distanziertheit, Eifersucht und Arroganz.

2.2.2 Bedeutung der Verhaltenszahlen

Die Zahl für das soziale Verhalten gibt Aufschluß über die Beziehung des Betreffenden zur Außenwelt. Sie zeigt, wie dieser Mensch von seiner Umgebung gesehen wird, wie andere auf ihn als Persönlichkeit zugehen und was sie von ihm erwarten. Wenn man die Verhaltenszahl mit der Seelenzahl vergleicht und diese Zahlen harmonieren, zeigen sich diese Menschen anderen vermutlich so, wie sie wirklich sind. Passen die beiden Zahlen nicht zusammen, ist eher das Gegenteil der Fall.

Verhaltenszahl 1

Sie machen den Eindruck, daß Sie sich sehr gut – ohne Hilfe von anderen – um sich selbst kümmern können. Offensichtlich macht es Ihnen Freude, Klarheit in verzwickte Angelegenheiten zu bringen. Sie werden als fordernde Persönlichkeit angesehen, der man jedoch gerne sein Vertrauen schenkt. Sie ziehen es vor, Ihre Arbeit selbständig zu erledigen, und Ihre Umgebung scheint dies normalerweise zu verstehen.

Wenn man versucht, Ihnen nahezukommen, muß man zuerst einen Schutzwall überwinden, den Sie um sich herum aufgebaut haben. Andere lehnen sich bei Ihnen immer wieder an und übertragen Ihnen die Verantwortung für ihr Leben, was Sie sehr ernst nehmen. Eine weitere Eigenschaft ist Ihre gute Zusammenarbeit mit anderen. In diesem Fall übernehmen Sie jedoch gerne die Führerrolle. Für Arbeitgeber ist es nicht einfach, mit Ihnen als Mitarbeiter zurechtzukommen. Im Zusammensein mit anderen Leuten übernehmen Sie gerne die aktive Rolle, sind aber in Ihrer Haltung nicht sehr konsequent.

In Beziehungen sind Sie ehrlich, aber auch fordernd. Ihr sexuelles Leben ist geprägt durch Ihre Phantasie und Kreativität; in diesem Bereich übernehmen Sie gerne die Initiative. Sie lieben Zärtlichkeit und genießen es, bewundert zu werden. Meist sind Sie aktiv und freundlich, dominierend und sehr bestimmt. Als negative Eigenschaften können bei Ihnen Selbstsucht, einschüchterndes und unsoziales Verhalten auftreten.

Verhaltenszahl 2

Sie sind gerne mit sensiblen Menschen zusammen. Es ist angenehm, mit Ihnen im Team zu arbeiten, und die Freude darüber ist auf beiden Seiten vorhanden. Im wesentlichen erscheinen Sie als ausgeglichen, friedlich und vertrauenswürdig. Disharmonie ist Ihnen zuwider. Wenn Sie bei einer Meinungsverschiedenheit Partei für die eine oder andere Seite ergreifen müssen, kommen Sie mit sich selbst in Konflikt, wobei Ihre

Umwelt sich dieser Schwierigkeit bewußt ist. Da Sie sehr sensibel sind, versuchen Sie ständig, Harmonie zu schaffen.

Ihre Beziehungen sind sehr emotional. Man hat den Eindruck, daß Sie leicht verletzlich sind; oft nimmt Ihre Außenwelt aber keine Rücksicht darauf. Sie fühlen sich zeitweise unglücklich, was sich auf Ihre sozialen Kontakte auswirken kann. Alles, was mit Mystik, Musik und Tanz zu tun hat, fasziniert Sie, und Sie ziehen immer wieder Personen mit denselben Vorlieben an.

In Ihren Beziehungen sind Sie meist sensibel und selbstlos. Im sexuellen Leben verhalten Sie sich eher passiv. Sie verwechseln oft sexuelle Wünsche mit den verschiedensten Gefühlen, und deshalb ist es für Ihren Partner sehr schwer, Ihre Erwartungen zu erfüllen. Sie bemühen sich ständig, andere nicht zu verletzen, und sorgen immer zuerst für die anderen und an zweiter Stelle für sich selbst. Sie können auch langweilig oder ermüdend sein und neigen dazu, aus Angst vor Konfrontationen Konflikte zu vermeiden.

Verhaltenszahl 3

Sie scheinen Freude am Kontakt mit anderen zu haben. Sie werden bewundert und manchmal sogar aufgrund Ihrer künstlerischen Natur beneidet. Zumindest wird Ihre Künstlernatur wahrgenommen. Man hält Sie für sehr kreativ und fähig, die verschiedensten Dinge gleichzeitig tun zu können. Sie lieben den freundlichen Umgang mit anderen, und sind immer zu einer Plauderei aufgelegt. Es gelingt Ihnen mühelos, die Aufmerksamkeit Ihrer Umgebung auf sich zu ziehen und schnell im Mittelpunkt zu stehen, entweder durch Ihr großtuerisches Verhalten oder durch Ihr ständiges Reden. Da Sie Kontakt zu so vielen Menschen haben, werden Ihnen nur selten vertrauliche Dinge erzählt. Sie scheinen sehr impulsiv zu sein und sind aufgrund Ihres Humors bei anderen sehr beliebt.

In Ihren Beziehungen zeigen Sie sich von Ihrer optimistischen und spontanen Seite. In Ihrem sexuellen Leben lieben Sie es, die Initiative zu ergreifen. Die schönen Dinge des Lebens genießen Sie in vollen Zügen, und in einer Beziehung übernehmen Sie bereitwillig die Rolle des Sprechers. Sie können auch eifersüchtig und geistesabwesend sein und neigen dazu, alles maßlos zu übertreiben.

Verhaltenszahl 4

Sie werden für sehr ehrlich und vertrauenwürdig gehalten. Sie sind ein Mensch, auf den man sich verlassen und dem man seine Probleme anvertrauen kann, denn Sie haben etwas „Schulmeisterhaftes" in Ihrem Wesen. Normalerweise wissen Sie über alles Bescheid, und Ihre Umgebung ist sich dessen sehr wohl bewußt.

Man faßt sehr schnell Vertrauen zu Ihnen, da Sie auf andere den Eindruck eines verschwiegenen und nachdenklichen Menschen machen. Wenn andere ein Problem haben, das sie nicht lösen können und mit dem man sich eingehend auseinandersetzen muß, sind Sie oft der richtige Ansprechpartner. Sie werden leicht von anderen aufgrund Ihrer Geschicklichkeit und Ihrer Fähigkeiten beneidet. Die Kontakte mit Ihrer Umgebung sind eher intellektueller Art und finden weniger auf der emotionalen Ebene statt.

In Beziehungen sind Sie im allgemeinen ruhig und zuverlässig. In Ihrem sexuellen Leben sind Sie ausgeglichen und sowohl Gebender als auch Nehmender. Sie lieben Ihr Zuhause und sind oft konservativ, obwohl Sie dies abstreiten.

Im ungünstigsten Fall sind Sie aufgrund Ihrer eigenen unbegründeten Ängste mißtrauisch. In solchen Zeiten können Sie es kaum ertragen, körperlich berührt zu werden, und Sie leiden oft unter starken Gefühlsausbrüchen. Aufgrund Ihrer Ängste haben Sie oft nicht den Mut zum Handeln und können sich keine günstige Zukunft für sich vorstellen.

Verhaltenszahl 5

Sie machen den Eindruck eines aktiven und interessanten Menschen, der das Leben liebt, für den Freiheit sehr wichtig ist und der Risiken nicht scheut. Man liebt Sie und hält Sie für sehr unterhaltsam und umgänglich. Sie haben meist ein freundliches Wort für den anderen und kommen mit vielen Menschen aus den unterschiedlichsten Milieus aus. Hier handelt es sich nicht um Menschen, die die Konfrontation meiden, sondern im Gegenteil: Sie suchen diese Herausforderungen und die Menschen, die damit zu tun haben. Sie lieben es, die verschiedenartigsten Beziehungen zu leben und zahlreiche Erfahrungen zu machen.

In Ihren Beziehungen sind Sie unternehmungslustig und vielseitig. In Ihrem sexuellen Leben sind Sie der aktive Teil und übernehmen normalerweise die Initiative. Sie lassen sich gerne zärtlich berühren und lieben es, Ihrerseits Ihren Partner liebevoll zu verwöhnen. Abenteuerlustig und unterhaltend zu sein gehört zu Ihren Wesenszügen. Sie können aber auch gelangweilt sein und sich unverantwortlich und beleidigend verhalten.

Verhaltenszahl 6

Sie erscheinen anderen als Vertrauenspersonen, die man um Rat fragen und bei denen man sogar Schutz finden kann. Es kann vorkommen, daß Sie anderen zu schnell einen Ratschlag geben. Sie scheinen sehr viel Erfahrung zu haben; Sie sind für alles Neue offen, geben jedoch Ihre eigene Grundeinstellung oder Ihren Lebensstil nicht schnell auf.

Manchmal scheinen Sie Ihrer selbst unsicher zu sein; in diesen Zeiten werden Sie von anderen eher gemieden. Mit Ihnen zusammenzuarbeiten ist normalerweise sehr angenehm, vor allem, wenn Sie eine genau definierte Aufgabe haben. Sie sind bei Ihrer Arbeit nicht gerne auf sich allein gestellt. Man fühlt sich wohl in Ihrer Gesellschaft. Ihnen gelingt es immer, eine gemütliche Atmosphäre um sich zu schaffen – ganz gleich, wo Sie sich befinden. Deshalb ziehen Sie automatisch Kinder und Tiere an, die Ihre Wertschätzung und Ihre Liebe spüren.

In Ihren Beziehungen sind Sie sehr romantisch und konservativ. In Ihrem sexuellen Leben überlassen Sie Ihrem Partner, dem Sie sehr viel geben, bereitwillig die Initiative. Sie lassen sich jedoch nicht leicht von Ihrer eigenen Überzeugung abbringen. Normalerweise sind Sie sehr häuslich. Extreme Kritiksucht, Überheblichkeit und nicht gewünschte Einmischung in die Angelegenheiten anderer können bei Ihnen als negative Eigenschaften auftreten.

Verhaltenszahl 7

Sie sind ein Mensch, dem man nicht einfach alles unüberlegt erzählt. Ihre Umgebung ist sich sehr wohl bewußt, daß Sie alles sorgfältig abwägen. Deshalb wird Ihre Meinung und Ihre Freundschaft sehr geschätzt. Sie äußern Ihre Meinung nur, wenn Sie absolut stimmig ist.

In Ihren Beziehungen ist die geistige Ebene wesentlich wichtiger als das Körperliche. Sie sind nicht leicht zu begeistern, sei es für Personen oder Dinge. Um sich intensiv mit einer Sache auseinanderzusetzen, ziehen Sie sich gerne an einen ruhigen Ort zurück. Man hält Sie für intellektuell, vertrauenswürdig und besonnen. Es kann vorkommen, daß jemand Ihre Ängste spürt, sie übernimmt und sich dann auch fürchtet. Unter weniger günstigen Umständen können Sie distanziert, verwirrt und unrealistisch sein. Wenn Depressionen auftreten, halten sich andere von Ihnen fern.

In Ihren Beziehungen sind Sie realistisch und selbstsicher. Sie führen ein ruhiges und ausgeglichenes sexuelles Leben und machen den Eindruck eines friedfertigen Menschen, der sich für Kultur interessiert und ein guter Zuhörer ist. Sie können jedoch auch geistesabwesend, ängstlich, zurückhaltend und extrem von sich eingenommen sein.

Verhaltenszahl 8

Sie werden als äußerst verantwortungsbewußt geachtet. Im Umgang mit Ihren Freunden geizen Sie nicht mit Geld, sondern zeigen sich eher von Ihrer großzügigen Seite. Dies ist jedoch von der Person abhängig, mit der Sie gerade zusammen sind.

Wenn andere etwas auf dem Herzen haben, hören Sie sehr aufmerksam zu. Wichtige Dinge behalten Sie für sich; deshalb werden Sie von anderen gerne ins Vertrauen gezogen. Sie können den Eindruck erwecken, zu schnell mit einer vorgefaßten Meinung zu urteilen und sich leicht von der äußeren Erscheinung beeindrucken zu lassen. In Ihrem Umfeld trifft man oft auf Menschen mit Geld, die eventuell auch einen bestimmten Status innehaben. Manchen Außenstehenden erscheinen Sie kalt und distanziert.

In Ihren Beziehungen sind Sie geduldig und freundlich, aber auch fordernd. Kreativität spielt in Ihrem sexuellen Leben eine große Rolle, und meist übernehmen Sie die Initiative. Jedoch können Sie auch egozentrisch, aggressiv und launisch sein.

Verhaltenszahl 9

Sie sind ein Mensch, dem man sehr viele Aufgaben übertragen kann – das wissen die Menschen in Ihrem Umfeld sehr wohl. Ihre aufopfernde Haltung zieht viele Menschen mit Problemen an. Sie können sehr ausgiebig über gewisse Erfahrungen in Ihrem Leben sprechen. Die anderen sind davon fasziniert und können sich alles genau vorstellen. Ihre Erzählungen sind niemals langweilig, sondern sehr phantasievoll und lebendig. Diese Eigenschaft unterstreicht Ihre Attraktivität.

Da Sie höchst sensibel sind, ziehen Sie Ihrerseits sensible Menschen in Ihren Freundes- und Bekanntenkreis. Ihre Gefühle wechseln sehr schnell zwischen Freude und Traurigkeit. Wenn Sie sich unglücklich fühlen, können bestimmte Charakterzüge sich genau ins Gegenteil verkehren. Sie nehmen dann die Rolle des Opfers an, handeln nach Ihren Gefühlen und verhalten sich sehr dramatisch. Außerdem neigen Sie dazu, einen Schutzwall um sich aufzubauen.

In Ihren Beziehungen meiden Sie es, die Initiative zu übernehmen. Die Sexualität wird in Ihrem Leben genügend beachtet. Sie zeigen sich objektiv, sind bereit, sich für andere aufzuopfern, und sehr fürsorglich. Sie können sich jedoch auch besitzergreifend und pessimistisch verhalten und derart eifersüchtig sein, daß andere sich oft schuldig fühlen.

Verhaltenszahl 11

Sie sind ein Mensch, mit dem man im allgemeinen gerne zusammen ist. Sie sind sehr sensibel und unterscheiden sich von anderen. Man fühlt sich zu Ihnen hingezogen, weil Ihre Welt schöner und geheimnisvoller als die eigene zu sein scheint. Sie machen den Eindruck eines sehr lebendigen und energievollen Menschen, der anderen Kraft geben kann. Jedoch gibt es auch Zeiten, in denen man lieber Distanz zu Ihnen hält.

Dies kann der Fall sein, wenn Sie mit Ihrer Energie nicht richtig umgehen können. Sie werden nervös, haben zwei linke Hände, sind leicht verletzlich und fühlen sich anderen unterlegen. In diesen Perioden ist Ihre Gegenwart eher bedrückend, denn Sie setzen Ihre eigenen Interessen an erste Stelle. Sie überzeugen gerne andere Menschen. Man bittet Sie häufig um

Ihren Rat, besonders auf emotionalem Gebiet, und Sie werden oft als Vermittler eingeschaltet.

In Ihren Beziehungen sind Sie häufig idealistisch und zuvorkommend, aber auch fordernd. Sexualität spielt in Ihrem Leben eine wichtige Rolle, denn sie ist für Sie eine der Möglichkeiten, sich auszudrücken. Hier übernehmen Sie normalerweise die Initiative. Sie sind voller Energie, sehr spontan und genießen das gesellige Zusammensein mit anderen. Sie können jedoch auch nervös, ruhelos und zeitweise leicht aggressiv sein.

Verhaltenszahl 22

Sie erwecken den Eindruck, daß Sie praktisch alles können. Sie sind ein äußerst kreativer Mensch, der bei allem, was er tut, seine eigenen Ideen umsetzt. Aufgrund Ihrer besonders positiven Ausstrahlung und Ihrem anziehenden Wesen ist man sehr gerne mit Ihnen zusammen. Auch besitzen Sie ungeheuer viel Energie. Sie ziehen normalerweise sensible Menschen an, da Sie selbst sehr gefühlsbetont sind. Ihre Ideen, um verzwickte Situationen wieder in Ordnung zu bringen, werden außerordentlich geschätzt. Es gibt Zeiten, in denen Sie mit Ihrer Energie nicht richtig umgehen können. Dann ist man nicht so gerne Ihrer Gesellschaft, denn Sie sind gelangweilt, ruhelos und sehr besitzergreifend und scheinen oft unter Ihren eigenen Minderwertigkeitskomplexen zu leiden. In diesen Phasen gehen Sie anderen enorm auf die Nerven. Gelegentlich machen Sie destruktive Äußerungen, die andere verletzen können.

In Ihren Beziehungen sind Sie ehrlich und freundlich und im allgemeinen konservativ. Sie übernehmen gerne die Initiative in Ihrem sexuellen Leben. Sie sind praktisch veranlagt, feste Werte und Normen sind für Sie sehr wichtig, und Sie zeigen offen den sensiblen und energiegeladenen Teil Ihrer Persönlichkeit. Sie können aber auch zu gefühlsbetont, gedankenlos, abschreckend und destruktiv sein.

Verhaltenszahl 33

Sie sind für andere sehr anziehend, da Sie sich die Zeit nehmen, ihnen zuzuhören, um sie objektiv zu beraten. Man ist gerne mit Ihnen zusammen, da Sie sehr viel Energie haben, was Sie auch nach außen zeigen. Sie geben anderen das Gefühl, gleichwertig zu sein, und vermitteln nicht den Eindruck, alles besser zu wissen und besser zu können.

Jedes menschliche Wesen ist natürlich für sich gesehen etwas Besonderes, aber nicht alle Menschen sind sich dessen bewußt. Sie geben anderen das Gefühl, wichtig und es wert zu sein, daß man ihnen zuhört. Man arbeitet sehr gerne mit Ihnen zusammen, obwohl Sie meistens darauf bestehen, die Führung und die Verantwortung zu übernehmen. Sie ziehen Ihrerseits Leute an, die außergewöhnlich viel Fürsorge und Aufmerksamkeit suchen. Wenn Sie Ihre Energie nicht genügend ausdrükken können, führt dies zu Nervosität. Es kann dann vorkommen, daß Sie sich ungebeten in die Angelegenheiten anderer einmischen und ihnen Ratschläge geben, um die Sie nicht gebeten wurden. In solchen Situationen geht es Ihnen darum, die Aufmerksamkeit der anderen auf sich zu lenken.

In Ihren Beziehungen sind Sie fürsorglich und konservativ. In Ihrem sexuellen Leben sind Sie zwar aktiv, jedoch auch konservativ. Sie sind sehr häuslich, verantwortungsbewußt und idealistisch. Sie können jedoch auch eifersüchtig, besitzgierig und eigensinnig sein.

2.2.3 Bedeutung der Entwicklungszahlen

Im Gegensatz zur Seelenzahl, die zeigt, welche grundlegenden Charakterzüge in einem Menschen vorhanden sind, gibt diese Zahl Auskunft darüber, welche Eigenschaften möglicherweise noch zu entwickeln sind. Mit zunehmendem Alter wird der Wunsch immer stärker, diese Merkmale zu entwickeln. Die Entwicklungszahl wird mit der Seelenzahl verglichen. Wenn sie grundsätzlich übereinstimmen, kann man daraus ersehen, was dieser Mensch will. Ist das Gegenteil der Fall, dann weiß dieser Mensch wahrscheinlich nicht genau, was er will.

Entwicklungszahl 1

Sie wären gerne ein schöpferischer Denker und haben auch den Wunsch, schöpferisch zu handeln. Sie möchten, daß andere Ihnen zuhören und zu Ihnen aufschauen, ja Sie sogar bewundern. Es ist für Sie erstrebenswert, an der Spitze eines Unternehmens zu stehen und über alle bestimmen zu können. Das Unbekannte, etwas, was bisher noch nicht erfunden wurde, zu entdecken und zu erforschen ist eine Ihrer Lieblingsbeschäftigungen. Sie würden gerne alle anstehenden Probleme zielstrebig und mutig angehen.

Entwicklungszahl 2
Sie möchten gerne Lösungen für alle möglichen disharmonischen Situationen anbieten können. Sie sehnen sich danach, von allen geliebt, geschätzt und gern gesehen zu werden. Sie sind der Meinung, daß die Menschen zu Ihnen kommen sollten – einerseits, um ihnen Wärme, Liebe und Aufmerksamkeit zu schenken, und andererseits, damit Sie selbst diese Liebe von den anderen zurückbekommen. Sie möchten gerne in einer behaglichen Umgebung leben, in der Sie sich wohlfühlen.

Entwicklungszahl 3
Sie wünschen sich, daß alle das Leben genießen könnten. Sie möchten gerne der witzige oder fröhliche Mittelpunkt in einer Gesellschaft sein. Zu Ihren besonderen Neigungen zählen künstlerische Betätigungen wie Komponieren, Malen oder Zeichnen. Auch würden Sie gerne ergreifende Gedichte oder fesselnde Romane schreiben. Ein Leben ohne Sorgen, ohne Verpflichtungen und Verantwortung genießen zu können ist einer Ihrer tiefsten Wünsche. Besonders glücklich wären Sie, wenn auch alle anderen solch ein Leben genießen könnten.

Entwicklungszahl 4
Es gehört zu Ihren Besonderheiten, daß andere sich jederzeit auf Sie verlassen können. Sie möchten gerne wichtig und unentbehrlich sein, und dafür sorgen, daß alles reibungslos abläuft. Jeder sollte Sie achten. In der Familie ist es Ihnen ein Anliegen, der unentbehrliche Mittelpunkt zu sein. Sie sehnen sich nach Frieden, Ordnung und Harmonie in allen Dingen. Sie möchten gerne in jede Form von Chaos Ordnung bringen.

Entwicklungszahl 5
Sie lieben es, zu reisen und zahlreiche neue Kontakte zu knüpfen. Am liebsten möchten Sie keine Verantwortung überneh-

men. Die anderen sollten Sie sehr attraktiv finden. Herausforderungen würden Sie gerne akzeptieren und die damit verbundenen Prüfungen bestehen. Jeder Tag sollte neue und aufregende Erfahrungen mit sich bringen. Sie möchten gerne Ihr inneres Kind im Äußeren leben.

Entwicklungszahl 6

Sie sind ein Mensch, dem es ein Anliegen ist, andere zu beraten, und Sie wären gerne der Mittelpunkt, um den sich alles dreht. Sie lieben das Romantische in Ihrem Leben und wären am liebsten immer „verliebt". Sie lassen Ihre Umgebung gerne wissen, was Sie gerade denken, und sind erfreut, wenn andere Ihre Ratschläge annehmen. Es ist ein inneres Bedürfnis für Sie, einer Gruppe von Menschen anzugehören; jedoch müssen Sie hier das Gefühl haben, wichtig und – wenn möglich – unentbehrlich zu sein. Sie würden sich auch gerne um Kinder und Tiere und um die Natur kümmern und dadurch Ihre fürsorglichen und ganz besonders Ihre beratenden Fähigkeiten leben zu können.

Entwicklungszahl 7

Sie haben von Zeit zu Zeit das Bedürfnis, sich von allem zurückzuziehen, um zu entspannen und in Stille und Ruhe über alles nachdenken zu können. Am liebsten würden Sie alle Spezialgebiete studieren, um Ihr Wissen zu vertiefen. Mit jeder Situation möchten Sie voller Selbstvertrauen umgehen können. Sie lieben es, wenn andere zu Ihnen kommen und Sie um Ihren Rat und Ihre Hilfe bitten. Vollkommen zu sein – sowohl in Ihrem Denken als auch in Ihrem Handeln – ist eines Ihrer besonderen Anliegen. Mit Freude umgeben Sie sich mit den verschiedensten Kunstwerken.

Entwicklungszahl 8

Sie streben sowohl im privaten als auch im sozialen Bereich wichtige Positionen an. Sie möchten angesehen sein, ein Mensch, zu dem andere aufschauen. Die Führerrolle zu übernehmen ist eines Ihrer Anliegen; Organisieren ist Ihre Stärke, und Sie können gut Ihre eigenen Ideen in die Realität umsetzen. Am liebsten möchten Sie alles haben, was Sie brauchen, ganz besonders Geld und Besitz. Sie sind bestrebt, bei allem sowohl physisch als auch spirituell das Beste zu erreichen.

Entwicklungszahl 9
Sie wünschen sich, daß andere Sie brauchen und daß Sie unentbehrlich sind. Sie möchten auf der spirituellen und physischen Ebene geliebt und geachtet werden. Bewunderung und Lob sind für Sie sehr wichtig. Auch liegt Ihnen daran, daß alle glücklich sind. Sie müssen Möglichkeiten haben, um sich auszudrücken, und wären besonders zufrieden, wenn Sie Ihre Kreativität und Spontaneität ungehindert leben könnten. Sie haben gerne Körperkontakt mit anderen Menschen.

Entwicklungszahl 11
Sie möchten Ihre Meinung und Ideen anderen mitteilen. Sie wären gerne berühmt. Man soll Ihre Ideen und Ansichten akzeptieren und auch danach handeln. Sie haben das Bedürfnis, andere zu führen und für sie ein Wegbereiter zu sein. Speziell in mentalen und spirituellen Fragen wären Sie gerne als Führer angesehen. Am liebsten würden Sie verschiedene Dinge gleichzeitig tun.

Entwicklungszahl 22
Ihnen ist es ein echtes Anliegen, etwas für die Gesellschaft zu tun und sichtbare Verbesserungen zu erreichen. Sie möchten irgend etwas Großes aufbauen und die Rolle des Friedensstifters innehaben, um die verschiedensten Konflikte und Streitigkeiten zu schlichten. Auf vielen Gebieten möchten Sie aktiv sein, um Ihren Teil zu einem gesünderen und besseren Leben für alle Menschen beizutragen.

Entwicklungszahl 33
Sie möchten am liebsten die ganze Welt in Ihre Arme schließen. Alle sollten von ihren Problemen befreit sein. Sie lieben es, tief in das Wesen anderer Menschen einzutauchen – unabhängig davon, mit wem Sie es zu tun haben. Ihr Rat soll ernstgenommen werden. In Ihrer Umgebung haben Sie gerne Kinder, Tiere und freundliche Menschen, und Sie lieben es, in der Natur zu sein. Sie wollen das Leben zusammen mit anderen genießen.

2.2.4 Bedeutung der Zielzahlen

Diese Zahl stellt die Ziele dar, die ein Mensch anstrebt oder die er erreichen möchte. Jeder Mensch hat sich selbst ein Ziel gesetzt und versucht, es mit den bereits vorhandenen oder den noch zu entwickelnden Charaktereigenschaften zu erreichen.

Zielzahl 1
Sie haben die Möglichkeit, sich mit Hilfe Ihrer Originalität zu entwickeln. Sie sollten Ihre eigene Kreativität nutzen, wenn Sie andere Menschen beraten, und basierend auf Ihren eigenen Überzeugungen Entscheidungen treffen.

Zielzahl 2
Sie können sich ausdrücken und mit Hilfe Ihrer ausgeprägten Sensibilität und Ihrer Ausdauer entwickeln. Letztendlich wird es Ihnen zusammen mit anderen gelingen, Harmonie zu schaffen oder wiederherzustellen.

Zielzahl 3
Sie haben die Fähigkeit, sich sprachlich sehr gut auszudrücken. Sie sollten in sich und in Ihrer Umgebung immer mehr Verständnis für andere entwickeln und dies auch zum Ausdruck bringen.

Zielzahl 4
Sie können Ihre Willenskraft und Ihre Geduld noch weiterentwickeln. Letztendlich geht es bei dieser Zielzahl darum, speziell die im Leben gesammelten Erfahrungen (die eigenen und die anderer) daraufhin abzuwägen, was sie gebracht haben. Entschlossenheit und die Wiederherstellung von Ordnung sind Teil dieser Zielzahl.

Zielzahl 5
Sie haben in diesem Leben die Chance, Ihre Sinne voll und ganz zu benutzen. Sie werden immer wieder mit der tieferen Bedeutung von „Freiheit“ konfrontiert. Aufgrund der verschiedensten Lebensumstände können Sie Ihre Anpassungsfähigkeit entwickeln.

Zielzahl 6
Sie haben die Kraft, Konflikte zu lösen. Ziel Ihres Lebens ist es, Ihre Flexibilität durch die Erfahrungen zu fördern. Dadurch können Sie Ihre eigenen Probleme lösen und auch anderen Ratschläge geben. Auf lange Sicht werden Sie die Fähigkeit haben, problematische Situationen richtig zu beurteilen.

Zielzahl 7
Sie können Ihre analytischen Fähigkeiten entwickeln. Durch Situationen, in denen Sie sich einsam fühlen und in denen Sie allein sein wollen, erkennen Sie immer klarer andere Werte im Leben. Gründliches Forschen ist erforderlich, um ein Experte zu werden; Entwicklung ist dann auf allen Gebieten möglich.

Zielzahl 8
Sie haben die Chance, Ihre Führungsqualitäten zu entwickeln. Sie werden regelmäßig in Situationen kommen, durch die Sie den Wert von Besitz schätzen lernen. Letztlich gehört es zu Ihren Lernaufgaben, mit Geld und Besitz umzugehen.

Zielzahl 9
Sie können lernen, Ihren Blick von der Vergangenheit abzuwenden und auf die Gegenwart und die Zukunft zu richten. Sie müssen die Fähigkeit entwickeln, alles Vergangene loszulassen, ohne jedoch das Gefühl zu haben, etwas verloren zu haben. Schließlich werden Sie auf Ihrer Lebensreise frei von allem zusätzlichen Ballast sein.

Zielzahl 11
Ihre Aufgabe ist es, Ihre intuitiven Kräfte optimal einzusetzen. Durch verschiedene Situationen bekommen Sie ständig die Chance, Ihre eigenen Ideen und Ideale oder die anderer Menschen auf breiter Basis durchzusetzen und sie auch zu verwirklichen. Ihre Aufmerksamkeit ist speziell auf die intellektuelle und spirituelle Ebene des Lebens gerichtet.

Zielzahl 22
Sie haben es sich zum Ziel gesetzt, ein Höchstmaß an fortschrittlichen Ideen zum Wohle anderer zu realisieren. Dabei können Sie die Fähigkeit entwickeln, genau zu erkennen, was

benötigt wird, und tatsächlich aktiv werden. Sie kommen immer wieder in Situationen, die ein objektives Urteil erfordern.

Zielzahl 33
Ihr Anliegen ist es, Ihre Fähigkeit, im großen Umfang Beratungen durchzuführen, optimal zu entwickeln. Sie werden regelmäßig Situationen erleben, in denen Sie die Verantwortung übernehmen und in denen Sie anderen beibringen, für sich selbst Verantwortung zu übernehmen. Diese Zahl repräsentiert das angestrebte Endziel. Sie haben es sich selbst gesetzt und versuchen alles, um es mit bereits vorhandenen oder noch zu entwickelnden Charaktereigenschaften zu erreichen.

2.2.5 Bedeutung der Lebenslaufzahlen

Die Lebenslaufzahl verdeutlicht insbesondere die Möglichkeiten, die ein Mensch zum Erreichen seiner Ziele nutzen kann. Es handelt sich hierbei nicht um Charaktereigenschaften, sondern um Merkmale, die entwickelt werden können. Gemeint sind Gelegenheiten oder Angebote, die den Menschen dabei unterstützen, seine Ziele leichter zu erreichen. Wenn das jeweilige Geburtsdatum kurz vor oder nach dem Wechsel des Sonnenzeichens liegt, sollten sowohl die Erläuterungen zum jeweiligen Sonnenzeichen als auch zur entsprechenden Zielzahl berücksichtigt werden.

Lebenslaufzahl 1
Sie sollten anderen Menschen begegnen, Situationen oder Umstände erleben, die Sie dazu anregen, sich gegen bestehende Regeln und Bestimmungen aufzulehnen. Es geht darum, daß Sie sich nicht irgendeine Meinung aufschwatzen lassen, sondern daß Sie in erster Linie konsequent zu Ihren eigenen Ansichten stehen. Deshalb werden Sie oft Leuten begegnen, die nicht Ihrer Meinung sind. Dabei müssen Sie verschiedene Möglichkeiten miteinander vergleichen und Ihren eigenen Standpunkt erneut gründlich überprüfen.

Lebenslaufzahl 2

In Ihrem Leben scheinen die widersprüchlichsten Gefühle zu existieren. Sie müssen lernen, daß das Fällen der Entscheidung wesentlich wichtiger ist als die Entscheidung selbst. Im Laufe Ihres Lebens werden Sie ständig unausgeglichenen Menschen, Situationen oder Umständen begegnen, an denen Sie zu arbeiten haben. Dadurch entsteht bei Ihnen manchmal der Eindruck, Sie seien ständig damit beschäftigt, Harmonie zu schaffen. Sie werden extreme Sensibilität sowohl bei sich selbst als auch bei anderen erfahren.

Lebenslaufzahl 3

Sie werden im Verlauf Ihres Lebens bevorzugt mit Leuten zusammenkommen, die dasselbe Bedürfnis wie Sie selbst haben, nämlich sich auszudrücken. Es handelt sich hierbei um einen höchst kreativen Weg mit den vielfältigsten Ausdrucksmöglichkeiten. Auf jeden Fall sollte im Ihrem Leben der soziale und künstlerische Aspekt besonders betont werden. Es ist für Sie sehr hilfreich, den verschiedensten Menschen zu begegnen und sich mit den unterschiedlichsten Situationen auseinandersetzen zu müssen. Dadurch lernen Sie, die schönen Seiten des Lebens realer einzuschätzen und auch die Kehrseite der sogenannten negativen Personen oder Ereignisse zu sehen.

Lebenslaufzahl 4

Sie sollten sich mit Leuten, Situationen und Umständen auseinandersetzen, die von Ihnen verlangen, daß Sie sich in ganz bestimmten Aktivitäten engagieren, ohne davon zu sehr berührt zu sein. Es wäre gut für Sie, wenn Sie solche Aufgaben nicht umgehen, sondern versuchen, trotzdem Ihr Leben mit einer gewissen Regelmäßigkeit zu führen. Dadurch entsteht eine solide Basis für Ihre Ziele. Es müssen Situationen geschaffen werden, in denen Sie auf sich selbst gestellt arbeiten können; dies trägt zu Ihrer eigenen Wertschätzung bei. Sie müssen besonders darauf achten, sich selbst als Person zu schätzen, speziell in Verbindung mit Ihren Aufgaben am Arbeitsplatz und in der Familie.

Lebenslaufzahl 5
Sie müssen im Laufe Ihres Lebens viele verschiedene Situationen und die unterschiedlichsten Menschen kennenlernen. Die Abwechslung ist sehr wichtig für Sie, um Ihre Anpassungsfähigkeit zu entwickeln. Damit Sie Ihre Ziele erreichen können, müssen Sie lernen, falls erforderlich, alles loszulassen. Ruhelos und ständig auf der Suche zu sein – dies sind typische Merkmale. Sie müssen alles daran setzen, um Ihre fünf Sinne optimal zu entwickeln (Hören, Sehen, Fühlen, Schmecken und Riechen).

Lebenslaufzahl 6
Sie müssen sich in Ihrem Leben mit anderen Menschen auseinandersetzen, die gerne klammern. Sie sollten auch immer wieder in Situationen und Umstände kommen, die eine besonders verantwortungsvolle Haltung verlangen. Um Ihre Ziele zu erreichen, werden Sie immer wieder Gelegenheiten schaffen, durch die andere und auch Sie selbst, die Ursachen bestehender Probleme oder Konflikte erkennen können. Sie müssen in Gruppen und/oder in der Familie oder im Bekanntenkreis wirken. Auf diese Weise werden Sie Eigenschaften wie Objektivität und Aufrichtigkeit entwickeln.

Lebenslaufzahl 7
Sie müssen zahlreichen, hochsensiblen Leuten begegnen und sich mit Situationen und Umständen auseinandersetzen, die Ihr objektives Urteil verlangen. Ihre Ziele werden Sie durch Entwickeln Ihrer Intuition erreichen. Sie können nur dann objektive Urteile fällen, wenn Sie hinter die äußeren Umstände schauen und die vielen Aspekte einer Situation analysieren und sie gründlichst untersuchen. Sie müssen in unangenehmen Situationen lernen, nicht einfach Ihre Gefühle abzukapseln und alles mit dem Verstand zu erklären oder einfach wegzudiskutieren. Schließlich werden Sie sich nach innen zurückziehen können, ohne sich zu sehr von der Außenwelt abzukapseln.

Lebenslaufzahl 8
Dies ist der Weg von Geld und Besitz. Sie müssen hauptsächlich mit Situationen und/oder Umständen in Kontakt kommen,

die Ihnen helfen, mit der materiellen Seite dieser Welt umgehen zu können. Sie sollten mit Menschen Umgang pflegen, die sich in überwiegend geschäftlicher Umgebung aufhalten. Dadurch erhalten Sie die größten Chancen, um Führungsqualitäten, Organisationstalent und die Umsetzung von Ideen zu entwickeln. Sie werden letztlich die Fähigkeit besitzen, praktische Ratschläge, vor allem in geschäftlichen Angelegenheiten, zu geben.

Lebenslaufzahl 9
Sie müssen vorzugsweise mit Leuten oder Situationen umgehen, bei denen Sie sich nicht an Personen, an Gesetze und/ oder an Sitten klammern können. Ihr Leben muß ein ständiger Wechsel sein. Sie sollten künstlerischen Menschen begegnen und dadurch inspiriert werden, Ihre eigene Kreativität zu entwickeln. So erkennen Sie die Schönheit und Originalität vieler Dinge und lernen auch, diese zu schätzen. Sie sollten vor allem auf Ihre Beziehung zur Natur achten. Die Natur gibt und nimmt, und so werden Sie am Ende die universelle Bedeutung dieser Vorgänge in der Natur verstehen und auf das menschliche Leben umsetzen können.

Lebenslaufzahl 11
Für Sie ist es besonders wichtig, die spirituelle Seite in Ihrem Leben zu betonen. Sie müssen mit zahlreichen Leuten, Situationen und Umständen spiritueller Art zusammentreffen. Auch sollten Sie mit Medien wie Rundfunk und Fernsehen, Zeitung und Zeitschriften, das heißt, mit allem, was der Verbreitung von Informationen in großem Umfang dient, in Kontakt kommen. Sie müssen darauf achten, daß Ihr Leben besonders abwechslungsreich ist. Dies hilft Ihnen, Ihre Intuition und Ihre Führungsqualitäten zu entwickeln.

Lebenslaufzahl 22
Sie sollten anderen Leuten begegnen, die Sie dazu animieren, am Aufbau einer besseren Gesellschaft mitzuarbeiten. Sie sollten sich Möglichkeiten schaffen, um Ihre Ideen zu verwirklichen und sie auf eine immer breitere Basis auszudehnen. Dies trägt dazu bei, Ihre intuitiven Fähigkeiten zu entwickeln und

Ihre Vorstellungen zu realisieren. Um Ihre Intuition und Ihre Kreativität zu fördern, wäre es für Sie gut, sich intensiv mit den verschiedensten Formen von Kunst zu beschäftigen.

Lebenslaufzahl 33

Sie werden die verschiedensten Situationen in Ihrem Leben erfahren. Auch begegnen Sie den unterschiedlichsten Menschen und zahlreichen, verschiedenen Umständen. Sie sollten sich Gelegenheiten schaffen, durch die Ihre kreativen und intuitiven Fähigkeiten und Ihre Vorstellungskraft entwickelt werden. Für Sie wäre es hilfreich, zu Ihrer eigenen Überzeugung zu stehen und anderen Ratschläge zu geben. Auf diese Weise können Sie auf breiter Basis konstruktive Veränderungen erreichen.

3. Zyklus- und Übergangszahlen

Unser Leben ist durch *große* und *kleine Zyklen* in verschiedene Perioden unterteilt. Die drei *großen Zyklen*, die jeweils ungefähr 28 Jahre dauern, zeigen an, welche Charaktereigenschaften während einer Periode entwickelt werden können und wie sie sich auf die gesamte Persönlichkeit auswirken.

Der zweite und dritte *kleine Zyklus* dauern je neun Jahre, und der erste und vierte *kleine Zyklus* haben jeweils eine Dauer von ungefähr 28 Jahren. Diese Zyklen sagen etwas aus über die Art der Menschen, die wir anziehen, und sie geben an, welche Seiten unseres Charakters durch sie angeregt werden.

Die *großen* und *kleinen Zyklen* einer Periode können miteinander verglichen werden. Sind diese Zyklen grundsätzlich ähnlich und können sich dadurch gegenseitig verstärken? Oder unterscheiden sie sich grundlegend und schaffen auf diese Weise Konflikte?

Die *Übergangszahlen* werden als schwierige Passagen oder Herausforderungen auf dem Lebensweg angesehen. Bei zu schnellem Voranschreiten kann man leicht darüber stolpern. Solche Übergangszahlen machen einem Menschen genau das bewußt, was er nicht wissen will und was sich oft durch körperliche Symptome und Beschwerden ausdrückt.

Eine *Übergangszahl*, die mit der Zahl eines großen oder kleinen Zyklus genau übereinstimmt, muß während der Periode dieses Zyklus besonders beachtet werden. So kann man durch Vergleichen dieser Übergangszahl mit der *Zielzahl* erkennen, ob es für diesen Menschen leichter oder schwieriger ist, seine Ziele zu erreichen.

3.1 Berechnen der Zyklus- und der Übergangszahlen

3.1.1 Berechnen der großen Zykluszahlen

Der numerologische Wert der drei großen Zyklen errechnet sich durch Reduzieren des Geburts*monats*, des Geburts*tags* und des Geburts*jahres*. Anhand des Geburtsdatums von Alexander (22.02.1955) wird die Berechnung der großen Zykluszahl gezeigt:

Geburtsmonat: 2 Wert des 1. großen Zyklus = **2**

Geburtstag: 22 Wert des 2. großen Zyklus = **22**

Geburtsjahr: 1955 =1 + 9 +5 + 5 = 20 = 2 + 0 = 2

Wert des 3. großen Zyklus = **2**

Bei den Zielzahlen *11*, *22* oder *33* müssen diese Zahlen auf *einen* numerologischen Wert reduziert werden, also auf 2, 4 beziehungsweise 6, bevor sie zur weiteren Berechnung verwendet werden können.

Die Zahlen der drei *großen Zyklen* gelten jeweils ungefähr *28 Jahre*. Die Dauer des ersten Zyklus kann variieren und wird durch Subtrahieren der Zielzahl von 28 oder 37 berechnet.

- Ist diese Zahl *kleiner als oder gleich 4*, wird sie von 28 subtrahiert.
- Ist sie *größer als 4 und kleiner als oder gleich 9*, wird sie von 37 subtrahiert.

Als Ergebnis dieser Berechnung erhält man das Jahr, in dem der Wechsel vom ersten in den zweiten großen Zyklus erfolgt. 28 Jahre später findet der Übergang in den dritten großen Zyklus statt. Beispiel:

Alexanders Zielzahl lautet:			**8**
Ende des 1. großen Zyklus:	37 - 8	=	**29** Jahre
Ende des 2. großen Zyklus:	29 + 28	=	**57** Jahre
Beginn des 3. großen Zyklus:			**57** Jahre

3.1.2 Berechnen der kleinen Zykluszahlen

Die numerologischen Werte für die *kleinen Zyklen* werden folgendermaßen berechnet:

1. kleiner Zyklus: Werte des Geburts*tags* + Geburts*monats*
2. kleiner Zyklus: Werte des Geburts*tags* + Geburts*jahres*
3. kleiner Zyklus: Werte des *1.* + *2.* kleinen Zyklus
4. kleiner Zyklus: Werte des Geburts*monats* + Geburts*jahres*

Die weitere Berechnung wird anhand des Geburtsdatums von Alexander (22.02.1955) erklärt:

1. kleiner Zyklus: 2 (Monat) + 22 (Tag) = 24 = 2 + 4 = **6**
2. kleiner Zyklus: 22 (Tag) + 2 (Jahr) = 24 = 2 + 4 = **6**
3. kleiner Zyklus: 6 (1. kleiner Zyklus) + 6 (2. kleiner Zyklus) = 12 = 1 + 2 = **3**
4. kleiner Zyklus: 2 (Monat) + 2 (Jahr) = **4**

Der erste kleine Zyklus endet mit 36 Jahren *minus die Zielzahl*. Die Zielzahlen 11, 22 und 33 werden bei dieser Berechnung auf 2, 4 beziehungsweise 6 reduziert.

Jeder folgende kleine Zyklus dauert *neun Jahre*, ausgenommen der letzte.

1. kleiner Zyklus endet bei:36 - 8 (*Zielzahl*) = **28** Jahre
2. kleiner Zyklus endet bei:28 (*1. Zyklus)* + 9 *(Dauer*) = **37** Jahre
3. kleiner Zyklus endet bei:37 (*2. Zyklus) + 9 (Dauer*) = **48** Jahre
4. kleiner Zyklus beginnt bei: = **48** Jahre

3.1.3 Berechnen der Übergangszahlen

Die numerologischen Werte der Übergangszahlen werden folgendermaßen berechnet:

1. Übergangszahl: Differenz zwischen den numerologischen Werten des Geburts*tags* und des Geburts*monats.*

2. Übergangszahl: Differenz zwischen den numerologischen Werten des Geburts*tags* und des Geburts*jahrs.*

3. Übergangszahl (Hauptzahl): Differenz zwischen den numerologischen Werten der *1. und 2. Übergangszahl.*

Das Ergebnis dieser Berechnungen wird jeweils auf *eine* Zahl reduziert, wobei die Zahlen *11*, *22* und *33* auf *2*, *4* beziehungsweise *6* reduziert werden.

Die Berechnung der Übergangszahlen wird anhand des Geburtsdatums (22.02.1955) von Alexander gezeigt:

Tag = **22**
Monat = **2**
Jahr = 1 + 9 + 5 + 5 = 20 = 2 + 0 = **2**

1. Übergangszahl: Differenz zwischen *Tag* und *Monat* = 20 = 2 + 0 = **2**

2. Übergangszahl: Differenz zwischen *Tag* und *Jahr* = 20 = 2 + 0 = **2**

3. Übergangszahl (Hauptzahl):
Differenz zw. *1* .+ *2*. Übergangszahl = **0**

3.2 Bedeutung der Zyklus- und der Übergangszahlen

3.2.1 Bedeutung der großen Zykluszahlen

Unser Leben ist in drei große Zyklen eingeteilt, die jeweils ungefähr 28 Jahre dauern. Etwa im 28. und im 56. Lebensjahr erfolgt der *Zykluswechsel.* Diese Übergänge können Hand in Hand gehen mit Veränderungen in den Menschen selbst oder in ihrer Umgebung.

Wenn die beiden Zyklen sich in ihrem Grundwesen entsprechen, sind diese Veränderungen nicht sehr auffallend. Fällt das Ende des ersten großen Zyklus mit dem Ende des ersten kleinen Zyklus zusammen, können diese Veränderungen sehr gravierend sein. Aus den Zyklen kann man insbesondere ersehen, mit welchen Ereignissen die Menschen konfrontiert werden und welchen Einfluß diese Ereignisse auf ihren Charakter haben können.

Große Zykluszahl 1

In dieser Periode erhalten Sie vor allem Gelegenheiten, um Ihre Persönlichkeit besonders stark zu entwickeln. Der Zyklus kann bestimmt sein durch den Wunsch, unabhängig zu handeln und andere nachzuahmen. Speziell der Unterschied zwischen liebevollem und abhängigem Verhalten wird Ihnen in dieser Zeit deutlich gemacht. Manchmal können Sie sich auch einsam fühlen. Es sind Erfahrungen zu durchleben, die die kreativen Fähigkeiten und Führungsqualitäten anregen.

Große Zykluszahl 2

Sie haben in dieser Periode oft das Gefühl, daß Sie sich zwischen zwei oder mehreren Möglichkeiten entscheiden müssen. Dadurch fühlen Sie sich unsicher und handeln zögernd. Sie werden auf Begegnungen stoßen, in denen Ihre eigene Meinung gefordert ist. Möglicherweise haben Sie den Wunsch, Ihre Meinung nach außen zu vertreten. Sich auszudrücken und mit anderen zusammenzuarbeiten steht in diesem Zyklus im Vordergrund. Dabei kann Musik eine sehr wichtige Rolle spielen.

Real und nicht real – beide Empfindungen sind während dieser Jahre gleichzeitig vorhanden. Die Ereignisse dieser Periode erhöhen Ihre Sensibilität, die in dieser Zeit so intensiv wie möglich entwickelt wird.

Große Zykluszahl 3

Diese Jahre sind durch Ausdruck nach außen, Aktivität und Kreativität geprägt. Sie können in dieser Periode lernen, sich selbst auf Ihre einzigartige Art auszudrücken und den Umgang mit vielen Menschen der verschiedensten Lebensrichtungen zu pflegen, obwohl diese Kontakte oft nur oberflächlicher Art sein werden. Dadurch kann bei Ihnen Verwirrung oder Nervosität entstehen, da Sie in diesen Jahren dazu neigen, sich den verschiedenartigsten Menschen und Dingen gleichzeitig zuzuwenden. Sie lernen vor allem, Sprache und Mimik richtig einzusetzen, und können in dieser Periode auch Leuten begegnen, die verschiedene Fremdsprachen sprechen, wodurch Ihr eigenes Interesse am Erlernen von Sprachen geweckt wird.

Große Zykluszahl 4

Diese Periode können Sie dazu nutzen, ein solides Fundament für den Rest Ihres Lebens zu schaffen. Sie werden erkennen, daß Sie viel durch Ausdauer und Zielstrebigkeit erreichen können. Da das Zuhause für Sie in diesen Jahren sehr wichtig ist, widmen Sie Ihrer häuslichen Umgebung viel Aufmerksamkeit. Um das Gespür für Details und Organisation zu entwickeln, werden Sie entsprechende Erfahrungen in dieser Periode machen und die erworbenen Einsichten in die Praxis umsetzen können. Es ist eine gute Zeit, um traumatische Erfahrungen aus früheren Jahren aufzulösen.

Große Zykluszahl 5

Sie gewinnen in diesem Zyklus viel Einsicht und Wissen, besonders bezüglich der großen Vielfalt der menschlichen Charakterzüge und Reize. Zentrales Thema in dieser Periode ist die Freiheit des Denkens. Sie werden feststellen, daß Herausforderungen leichter zu meistern sind, als auf den ersten Blick vermutet, und in dieser Zeit ziemlich große und zum Teil belastende Verpflichtungen akzeptieren. Es werden viele Kontakte entstehen; möglicherweise beziehen sich die meisten dieser Kontakte auf die praktische Seite des Lebens. Sie können von Zeit zu Zeit das Bedürfnis haben, kurze oder lange Reisen zu unternehmen. In dieser Periode werden Sie nicht allein sein. Vielmehr machen Sie die Erfahrung, wie wichtig der gesellige und liebevolle Umgang mit anderen ist, und schätzen besonders das eigene Zuhause, das einen Ruhepol darstellt, aus dem heraus neue Aktivitäten unternommen werden können.

Große Zykluszahl 6

Im Mittelpunkt steht hier das Zuhause und vor allem die Erfahrung früherer Ereignisse. Die Aufmerksamkeit ist in dieser Periode auf die Familie, Freunde und Bekannte konzentriert. Dabei sind Gruppenaktivitäten besonders wichtig. Phantasie und Vorstellungskraft werden in diesem Zyklus, der eine sehr kreative Zeit ist, intensiv entwickelt.

Durch bestimmte Situationen werden Sie lernen, wie Sie andere verantwortungsvoll beraten können. Möglicherweise leiden Sie oft unter starken Gefühlen, denn Sie meinen immer wieder, daß Ihre guten Absichten und Bemühungen nicht dankbar geschätzt werden. Zu geben, ohne etwas als Gegenleistung zu erwarten – dies fällt Ihnen in diesem Zyklus besonders schwer.

Große Zykluszahl 7

In dieser Periode versuchen Sie auf die Außenwelt zu schauen, als ob Sie nicht davon betroffen wären. Dies ist eine ideale Zeit für Studium und Forschung in Wissenschaft und Technik und vor allem für die eingehende Beschäftigung mit menschlichen Beziehungen. Sie lernen, nichtssagende Worte zu durchschauen und Minenspiel und Handlungen von sich selbst und anderen zu beobachten. Die Kontakte, die in diesen Jahren geknüpft werden, sind nicht zahlreich, aber dafür sehr intensiv. Es kann vorkommen, daß Sie sich in dieser Zeit einsam fühlen und heute etwas als angenehm empfinden, was Sie morgen ablehnen.

Große Zykluszahl 8

Sie richten in dieser Zeit Ihre Aufmerksamkeit auf den Wert von Besitz, das heißt, auf Erwerb und Vermehrung materieller

Güter. Andere mögen Sie dann als sehr geschäftstüchtig und auch distanziert empfinden. Führungsqualitäten und Organisationstalent können in diesen Jahren intensiv entwickelt werden. Die dadurch gewonnenen Erfahrungen regen Ihre Kreativität an, besonders in bezug auf geschäftliche Angelegenheiten. Durch Situationen, die Sie sich für das Erleben solcher Erfahrungen selbst schaffen, lernen Sie, das richtige Verhältnis zu Geld zu bekommen und seinen Wert angemessen zu schätzen. Sie werden leicht als Streber angesehen, und Sie setzen Ihre eigenen Interessen an die erste Stelle. Dieser Zyklus eignet sich ganz besonders dazu, das Gleichgewicht zu finden zwischen den eigenen Interessen und den Interessen anderer.

Große Zykluszahl 9

In dieser Periode lernen Sie, Ihre eigenen festverwurzelten Überzeugungen und Meinungen loszulassen. Durch Situationen, mit denen Sie aufgrund Ihrer eigenen Handlungen konfrontiert werden, werden Ihnen Chancen geboten, Ihre Ansichten auf kreative Weise zu ändern. Möglicherweise werden Sie gezwungen, die Realität in einer weniger angenehmen Art und Weise zu erkennen. Es kann sein, daß Sie in diesem Zyklus dazu neigen, sich fest an Ihre Umgebung zu klammern, oder daß andere versuchen, sich fest an Sie zu binden. Verpflichtungen, die Sie eingehen müssen und die Sie auch erfüllen wollen, erweisen sich sehr schnell als zu belastend, da diese Jahre nicht für solche Verpflichtungen geeignet sind. Dieser Zyklus lehrt die Menschen, „nein“ zu sagen, ohne sich dabei schuldig zu fühlen.

Große Zykluszahl 11

Dieser Zyklus unterstützt die Entwicklung der intuitiven Fähigkeiten, und Ihnen steht sehr viel Energie zur Verfügung. Sind Sie nicht aktiv genug, können Sie unter Nervosität leiden. In dieser Periode können die Menschen sehr viel erreichen, wenn Sie wirklich wissen, was Sie wollen. Sie werden auf Situationen treffen, die Sie ermutigen, die Führungsrolle zu übernehmen. Wie man neue Konflikte vermeidet und bestehende klärt, ist eine der wichtigsten Lernaufgaben dieser Jahre.

Eigenschaften wie Kreativität, Originalität und Individualität können in diesem Zyklus auch entwickelt werden. Möglicherweise übt alles Mystische eine Faszination auf Sie aus. Kommt der Wert 11 in Ihrer Seelen-, Charakter- oder Zielzahl vor, wirken die Einflüsse dieses Zyklus wesentlich stärker.

Große Zykluszahl 22

In diesem Zyklus müssen Sie äußerst aktiv sein. Ihnen steht sehr viel Energie zur Verfügung, die in Nervosität umschlagen kann, wenn Sie nicht durch ausreichende Aktivitäten beschäftigt sind. Die Arbeit an etwas wirklich Wertvollem kann in diesen Jahren im Vordergrund stehen, und dabei werden Ihre eigenen Ideale und die Wertvorstellungen anderer verwirklicht. Erfahrungen, die Sie in diesen Jahren machen, ermutigen Sie, Vorurteile aufzugeben.

Besonders entwickelt werden Eigenschaften wie Intuition und Vorstellungskraft. In diesem Zyklus werden Sie sehr oft auf Unstimmigkeiten stoßen, wobei Sie meist als Vermittler auftreten, um diese Konflikte zu lösen. Tritt der Wert 22 bei Ihrer Seelen-, Charakter- oder Zielzahl auf, verstärken sich die Einflüsse dieses Zyklus.

Große Zykluszahl 33

Diese Periode ist besonders geprägt durch ein hohes Maß an Energie und Spiritualität. Alles, was Sie einem anderen von ganzem Herzen wünschen, hat eine starke, indirekte Auswirkung auf Sie selbst. Glücklicherweise tritt dieser Zyklus immer als letzter der drei Zyklen auf, denn um diese Zeit richtig zu nutzen, ist Einsicht und Verständnis für die Denkweise und die Handlungen der anderen (und von sich selbst) erforderlich.

Was Sie geben, bekommen Sie zurück. Am Ende dieses Zyklus werden Sie dieses Gesetz akzeptieren und verstehen. Durch Ihren Beistand können Sie anderen nicht immer helfen. Sie werden stärker und ausgeglichener, wenn sie selbst nach einer Lösung für ihre Probleme suchen.

Um das zu lernen, werden Sie immer wieder in entsprechende Situationen kommen. Stimmt die Seelen-, Charakter- oder Zielzahl mit der Zahl dieses Zyklus überein, wirken sich seine Einflüsse besonders stark aus.

3.2.2 Bedeutung der kleinen Zykluszahlen

Der Übergang vom ersten in den zweiten kleinen Zyklus fällt normalerweise mit dem Wechsel vom ersten in den zweiten großen Zyklus zusammen. Von diesem Jahr aus gerechnet folgen zwei weitere kleine Zyklen, die jeweils neun Jahre dauern. Am Ende des dritten kleinen Zyklus beginnt der vierte kleine Zyklus, der genauso lang wie der erste kleine Zyklus dauern kann. Mit diesen Perioden werden hauptsächlich Aussagen über die Lebensumstände der jeweiligen Menschen gemacht. Außerdem wird beschrieben, welchen Menschen man in diesen kleinen Zyklen begegnet. Zusätzliche Erläuterungen folgen zur Übergangszahl, zu den großen Zyklen und den Zielzahlen.

Kleine Zykluszahl 1

Ihre Umgebung ist durch Kreativität und Aktivität gekennzeichnet. Sie begegnen anderen Leuten, die entweder sehr abhängig oder extrem unabhängig sind. Sie können sich in einer Umgebung mit geschäftlichem Charakter aufhalten. Das Bild des „Vaters" scheint hier sehr wichtig zu sein. Der Umgang mit Macht und Ansehen – ganz gleich, in welcher Position Sie sich befinden, ist ein wichtiger Lernschritt. In dieser Umgebung gibt es weniger Regeln und weniger Disziplin; wahrscheinlich finden Begegnungen mit offenen und umsichtigen Menschen statt, die sich nicht unbedingt der gegenwärtigen Gesellschaft und ihren Regeln anpassen. In diesem Umfeld haben Sie die Chance, Ihre Kreativität und Originalität zu entwickeln.

Kleine Zykluszahl 2

In Ihrer Umgebung treffen Sie auf Personen, die sehr sensibel sind. Möglicherweise zweifeln Sie immer wieder daran, ob Sie wirklich in diese Umgebung passen. Auch können Sie diese Menschen, die Sie in Kontakt mit der mystischen Seite des Lebens bringen, als nicht real empfinden. Oft wird es Ihre Aufgabe sein, Harmonie in nicht ausgeglichenen Situationen zu schaffen. Andere Leute, die ihre eigenen Ansichten haben, werden Sie oft um Ihre Meinung zu einer bestimmten Angelegenheit bitten. Die widersprüchlichen Einflüsse dieses kleinen Zyklus wirken sich besonders stark auf Sie aus.

Kleine Zykluszahl 3

Ihre Umgebung ist durch einen stark sozialen und künstlerischen Charakter geprägt. Sie begegnen vielen Menschen, die vollkommen verschieden voneinander sind. Besonders wichtig ist es für Sie, sich anderen verständlich zu machen, vor allem in einer anspruchsvollen Diskussion, wozu Sie in diesem Umfeld ermutigt werden. Möglicherweise handelt es sich bei dieser Umgebung um ein Geschäft oder Unternehmen, wahrscheinlich im Bereich Verkauf. Auf jeden Fall sind Sie nicht ohne Freunde oder Bekannte, obwohl die Kontakte im allgemeinen oberflächlicher Art sein können.

Kleine Zykluszahl 4

Auf den ersten Blick scheint diese sehr ruhige und friedliche Umgebung etwas langweilig zu sein. Sie begegnen in diesem Zyklus anderen Leuten, auf die Sie sich verlassen können und die kreativ sind. Sie werden nicht viele Freunde haben, aber mit den alten guten Bekannten kommen Sie sehr gut aus. In dieser Umgebung wird an sich nicht viel verändert, sie ist eher stabil und konstant. Ein Grund für diese Stetigkeit ist Ihre Haltung, Gefühle nicht leicht ausdrücken zu können. Sie brauchen die Grundlage, die Ihnen diese Umgebung bietet, und die Ausgeglichenheit dieser Umgebung ist sehr vorteilhaft für Sie.

Kleine Zykluszahl 5

Auffallend an Ihrer Umgebung ist die große Vielzahl von Situationen und Menschen, die immer wieder eine Herausforderung für Sie darstellen. Eine sich ständig verändernde Umgebung bietet die große Möglichkeit, daß Sie selbst beweglich bleiben. Offensichtlich begegnen Sie auch immer wieder Leuten, die kein geregeltes Leben führen. Von Zeit zu Zeit treffen Sie Personen, die der Realität des Lebens mit seinen Höhen und Tiefen entfliehen wollen.

Kleine Zykluszahl 6

In Ihrer Umgebung begegnen Sie vielen Leuten, denen Sie sehr viel Aufmerksamkeit und Liebe geben können, und die normalerweise dankbar auf Ihren Rat hören. Dies ist eine Umgebung, in der Sie sich gerne niederlassen. Sie haben ein musikalisches und kreatives Wesen. Immer wieder stoßen Sie auf andere Leute mit Problemen, die Sie um eine Lösung bitten (zum Beispiel Meinungsverschiedenheiten beilegen). Diese Umgebung, die Sie sehr an Ihre Kindheit erinnert, bietet Ihnen die Möglichkeit, viele Freundschaften und Bekanntschaften zu schließen. Sie fühlen sich darin sehr wohl, aber oft verwirrt Sie dieses Umfeld auch.

Kleine Zykluszahl 7

In dieser friedvollen und sehr beschaulichen Umgebung treffen Sie meist Leute, die sehr ausgeglichen sind und die man als „Denker" bezeichnen kann. Sie werden aber auch Menschen begegnen, die eigensinnig und kleinmütig sind. Ganz gleich, mit welcher Art von Studie Sie sich beschäftigen, Sie können ein Fachmann auf diesem Gebiet werden. Hier kommen Sie auch in Berührung mit dem Unbekannten, dem Unsichtbaren. Möglicherweise prüfen Sie die verschiedensten religiösen Gruppierungen und versuchen, ihre Bedeutung und ihre Essenz zu ergründen. Durch den Kontakt mit vielen Menschen und tiefgründigen Diskussionen, die Sie mit ihnen führen, werden Ihre intellektuellen Fähigkeiten und Ihre Intuition besonders gefördert. Dadurch gewinnen Sie letztendlich Einsichten, die Ihre eigenen Grenzen erweitern.

Kleine Zykluszahl 8

Ihre Umgebung hat einen geschäftsmäßigen Charakter. Sie kommen in Kontakt mit Geld und Besitz (Handel) und mit anderen Leuten, die sich bereits in diesem Metier auskennen oder die sich damit beschäftigen, den Umgang mit Geld zu erlernen. Dadurch werden Sie ermutigt, Ihre Urteilsfähigkeit und Ihr Organisationstalent zu entwickeln. Der Umgang mit Geld und Besitz und deren Wertschätzung ist eine der Lernaufgaben dieses kleinen Zyklus. Auf finanziellem Gebiet werden Sie sehr viel Aktivität entwickeln und die Möglichkeit haben, die Fäden in der Hand zu halten. Bei genügender Ausdauer können Sie Ihren Horizont erweitern und in allem, was Sie unternehmen, sehr erfolgreich sein.

Kleine Zykluszahl 9
Sie werden in dieser Umgebung Leute treffen, die Sie sehr beachten oder aber links liegen lassen. Außerdem kommen Sie mit Personen zusammen, die durch das Erleben verschiedenster Lebenserfahrungen tiefe Einsichten entwickeln wollen. Dadurch können Sie erkennen, daß die Sichtweise vieler Dinge immer relativ zu verstehen ist. Sie werden ermutigt, genauer hinzusehen und sich nicht an bestehende Regeln und in der Vergangenheit festgelegte Einstellungen, Menschen oder Situationen zu halten. Möglicherweise werden Sie in dieser Periode mit mitleiderregenden Menschen und Situationen konfrontiert. Ihre Ablehnung ihnen gegenüber kann entweder sehr stark sein, oder Sie fühlen sich verpflichtet, ihnen auf die eine oder andere Weise zu helfen, ihre Situation zu verbessern. In diesem Zyklus spielt die Natur eine ganz wichtige Rolle.

Kleine Zykluszahl 11
Hier ist die Umgebung voller Energie. Sie begegnen und erfahren zwei verschiedene Welten, einerseits die tägliche Realität und andererseits das Paranormale (Übersinnliche). Es kann die Regel sein, daß Sie sich mit dieser Zykluszahl immer wieder in Situationen befinden, in denen Sie Konflikte lösen müssen, und dies nicht nur für sich selbst. Die Menschen in Ihrer Umgebung wissen entweder, wie man diese beiden Welten zusammenbringen kann, oder sie haben überhaupt keine Vorstellung, wie sie damit zurechtkommen können. Sie schaffen sich Ihre eigene Umgebung und geben ihr Ihren persönlichen Stempel. In diesem Zyklus werden Sie ermutigt, aktive Eigenschaften wie Führungsqualitäten, Kreativität, Vorstellungskraft und besonders Originalität zu entwickeln.

Kleine Zykluszahl 22
Hier ist die Umgebung voller Energie. Sie werden regelmäßig mit der harten Realität, aber auch mit der tiefen Spiritualität des Lebens konfrontiert. Die Menschen, denen Sie in dieser Umgebung begegnen, sind im allgemeinen ehrlich und geradeheraus, oder sie zeigen genau die entgegengesetzten Züge. Möglicherweise haben Sie auch Kontakt mit der technischen Seite der Arbeitswelt. In diesen neun Jahren kann aufgrund

einer solchen Umgebung eine solide Basis für den kommenden Zyklus geschaffen werden. Dies ist die richtige Zeit, um Ideen, speziell zur Zusammenarbeit mit anderen, zu verwirklichen.

Kleine Zykluszahl 33
In diesem Zyklus halten Sie sich vorwiegend in einer Umgebung auf, in der Sie vielen Personen begegnen und ihnen gute Ratschläge geben können. Sie verfügen über sehr viel Energie, Herzenswärme und Zuneigung. Möglicherweise tritt diese Energie völlig unerwartet auf, und Sie können nicht richtig damit umgehen. Dadurch werden Sie gelegentlich ziemlich nervös. Immer wieder begegnen Sie wahrscheinlich Menschen oder Institutionen, die sich mit dem „Dienst am Nächsten" beschäftigen. Auch das wird sich auf Sie auswirken. Tritt der Wert 33 als Seelen-, Entwicklungs- oder Verhaltenszahl auf, so werden Sie Ihre Ziele leichter verwirklichen können.

3.2.3 Bedeutung der Übergangszahlen

Im Laufe des Lebens treten immer wieder Situationen auf, mit denen man nicht umzugehen weiß. Man stolpert einfach darüber. Oft handelt es sich dabei um ausgeprägte Charakterzüge, die einen reibungslosen *Wechsel von einem Zyklus in den anderen* erschweren. Die Übergangszahl gibt Aufschluß darüber, welche Schwierigkeiten und Störungen die Menschen beim Übergang von großen zu kleinen Zyklen erfahren. Körperliche Beschwerden, die von Zeit zu Zeit auftreten, sind ein Zeichen für psychische Blockaden. Wenn eine oder mehrere Zahlen auch in anderen Bereichen auftreten, ist vor allem auf die typischen körperlichen Merkmale dieser Zahlen zu achten.

Übergangszahl 0
Diese Zahl steht für jede nur mögliche Übergangszahl. Die Null stellt nicht ein spezielles Problem dar, sondern repräsentiert viele verschiedene Probleme und Störungen.

Körperlicher Zustand: Möglicherweise treten körperliche Probleme nicht an einer bestimmten Stelle auf, sondern sind verschiedener Art und zeigen sich am ganzen Körper. Spannung äußert sich leicht in körperlichem Unbehagen.

Übergangszahl 1

Anderen auf dem Weg, den sie bereits gegangen sind, zu folgen ist sehr einfach. Doch wählen Sie von Zeit zu Zeit einen schwierigeren Weg, nämlich den Weg der Unabhängigkeit, der Selbständigkeit und Individualität. Sie ziehen immer die Aufmerksamkeit anderer auf sich, und sei es nur, weil Sie nicht auffallen wollen. Für sich selbst Entscheidungen zu treffen betrachten Sie als Herausforderung. Sie wären gerne die Hauptperson und wirken auf andere oft dominierend. Viele Fähigkeiten stehen Ihnen zur Verfügung, doch zweifeln Sie oft daran. Immer wieder fehlt es Ihnen an Selbstvertrauen; doch sind Sie meist sehr darauf bedacht, sich dies nicht anmerken zu lassen. Sie sollten es vermeiden, sich selbst auf ein Podest zu stellen. Ihre Verbindungen mit Männern können aufgrund einer Beziehung zu einer Vaterfigur sehr heikel sein.

Körperlicher Zustand: Bei dieser Übergangszahl geht es vor allem um die Muskeln, die Glieder und das Blut, die alle mit Aktivität, Bewegung und Vorwärtskommen zu tun haben. Ist Ihre Aufmerksamkeit sehr stark auf Denken und Argumentieren fixiert, können die Augen und/oder die Ohren dadurch geschwächt werden. Dies kann zu Nebenhöhlenentzündungen, zu Schwindelanfällen und Gleichgewichtsstörungen führen.

Übergangszahl 2

Typisch für diese Übergangszahl sind starke Emotionen. Dieser Wert weist darauf hin, daß Sie Schwierigkeiten haben können, Ihre Gefühle auszudrücken. Möglicherweise können Sie Ihre Emotionen zu wenig oder zu stark und zu aggressiv äußern. Auf jeden Fall sind Sie sehr verletzlich. Oft achten Sie zu sehr auf alle Einzelheiten und werden dadurch kleinlich und pedantisch. Dieses Verhalten kann auch dazu führen, daß Sie geistesabwesend sind. Emotionale Konfrontationen mit Frauen können ihren Ursprung in Ihrer Beziehung zu einer Mutterfigur haben. Die Bindung an sie kann sehr emotional gewesen sein oder ist es noch immer. Andererseits ist es auch möglich, daß fast keine Bindung an sie da war oder ist.

Körperlicher Zustand: Bei zu starker Emotionalität kann der Körper zuviel Flüssigkeit zurückhalten oder im Gegensatz dazu zuviel Flüssigkeit abgeben. Hier spielen die Nieren eine sehr wichtige Rolle (Verarbeiten von Gefühlen oder Erfahrungen und Zusammenarbeit). In unsicheren Zeiten können Sie nervös sein, weil Sie mit den Gefühlen, die Sie von anderen aufnehmen (die Ihnen schwer im Magen liegen), nicht richtig umgehen können (Hyperventilation).

Übergangszahl 3

Sie sind ein Mensch, dem es schwerfällt, sich richtig auszudrücken. Dieser Ausdruck kann auf verschiedene Arten erfolgen. Sie müssen noch die richtigen Ausdrucksmöglichkeiten für sich selbst finden. Ob Sie besonders ausgiebig oder eher nur knapp formulieren, hängt von den verschiedenen Situationen ab. Manchmal sagen Sie mehr, als Sie wollen, und ein anderes Mal sprechen Sie viel weniger als beabsichtigt. Oft sind Sie mit tausenderlei verschiedenen Dingen beschäftigt, so daß Sie Ihre Energie leicht verzetteln. Sie zweifeln immer wieder daran, was Sie wirklich tun sollen, und Sie können sich dann entsetzlich gelangweilt fühlen. Die vielen verschiedenen sozialen Kontakte, die Sie pflegen, sind oberflächlich. Beziehungen zu Frauen und Kindern sind meist irgendwie schwierig. Die Ursache dafür ist in Ihrer eigenen Kindheit zu suchen.

Körperlicher Zustand: Schwache Bereiche im Körper können Leber, Hals, Stimmbänder und Drüsen sein. Die Leber repräsentiert die Entwicklung des Unterscheidungsvermögens und die Fähigkeit zu beurteilen, was man akzeptieren sollte und was nicht. Ihre Aufgabe ist die Entgiftung oder Aufhebung von giftigen Auswirkungen. Auch die Drüsen können zu stark belastet sein, wenn man nicht richtig urteilen kann. Bei Ihnen ist der Halsbereich besonders empfindlich. Ursache dafür ist, daß Sie entweder nicht kommunizieren können oder wollen (einen Kloß im Hals haben).

Übergangszahl 4

Ihnen fällt es wahrscheinlich schwer, das Gleichgewicht zwischen der ernsten und der fröhlichen Seite des Lebens zu finden. Ein derart ernstes Leben, das mit harter und verantwortungsvoller Arbeit ohne freudige Abwechslung verbunden ist, führt unweigerlich zu Streß. Wenn Sie jedoch zu leicht und sorglos leben und Ihre eigenen Verpflichtungen vernachlässigen, kann dies zu Ruhelosigkeit führen. Sie müssen lernen, mit diesen zwei unterschiedlichen Haltungen umzugehen. Dabei ist Regelmäßigkeit wichtig und eine gewisse Flexibilität erforderlich. Auch müssen Sie versuchen, sich anderen gegenüber so zu zeigen, wie Sie sich wirklich fühlen.

Körperlicher Zustand: Das Suchen nach einem Halt ist besonders mit den Knochen und/oder dem Stoffwechsel verbunden. Verstopfung kann ein Zeichen für die Angst sein loszulassen; Durchfall andererseits zeigt die Angst, Erfahrungen anzunehmen und zu verarbeiten. Wenn Sie Probleme mit körperlichem Kontakt haben, kann sich dies in Hautproblemen zeigen.

Übergangszahl 5

Ihnen fällt es wahrscheinlich schwer, Verantwortung zu übernehmen oder sie anderen zu überlassen. Alles Neue und Ungewöhnliche zieht Sie an und ängstigt Sie gleichzeitig. Sie haben jetzt die Chance, eine ungezwungenere Lebensweise zu lernen. Wenn Sie schnell ermüden, müssen Sie darauf achten, daß Sie von Zeit zu Zeit still werden, um die Ereignisse der inneren und äußeren Ebene betrachten zu können. Fühlen Sie sich regelmäßig gelangweilt und frustriert, sollten Sie versuchen, sich sportlich zu betätigen (Yoga, Körperübungen, Sport).

Körperlicher Zustand: Wirklich sehen und hören zu wollen, was wichtig ist, steht in Verbindung zu den Augen und Ohren. Wenn Sie mit allen möglichen Hilfs- und Ersatzmitteln, die zur Abhängigkeit führen können (im Prinzip alles, was zuviel ist), versuchen, die Realität zu umgehen, unterstützen Sie damit die Vergiftung Ihres Körpers.

Übergangszahl 6

Sie suchen ein Gleichgewicht zwischen Ihrem Verantwortungsbewußtsein und Ihrer Fähigkeit, dies umzusetzen. Oft haben Sie Schwierigkeiten, das richtige Maß im Umgang mit Verantwortung zu finden und weder zuviel noch zuwenig davon zu übernehmen. Je nach Situation variiert das Volumen der Aufgaben, die zu erledigen sind. Sie sollten versuchen, mit den verschiedenen Anforderungen so gut wie möglich umzugehen. Unter Umständen neigen Sie dazu, sich zuviel Sorgen über die Probleme und Angelegenheiten anderer zu machen, und Sie zerbrechen sich den Kopf, um auf Biegen und Brechen eine Lösung zu finden.

Körperlicher Zustand: Wenn Sie sich zu sehr in die Angelegenheiten anderer einmischen und damit nicht umgehen können, kann dies Kopfschmerzen und Hyperventilation verursachen. Auch können Schmerzen in den Schultern auftreten, da zuviel auf Ihren Schultern lastet, mit dem Sie nicht fertigwerden. Die Ohren stehen für das wirkliche Zuhören und Eingehen auf die Anliegen anderer Menschen, ohne sofort einen Ratschlag zu geben.

Übergangszahl 7

Oft fällt es Ihnen schwer, offen zu sagen, was Sie denken und fühlen. Die Angst vor der Angst kann Mißtrauen, mangelndes Selbstvertrauen und Vorurteile verursachen. Sie haben meist Angst, Ihre eigenen Ansichten zu äußern, oder machen auf andere den Eindruck, daß Sie alles wissen und das Alleinrecht darauf haben. Sie wirken nach außen entweder zu aufdringlich oder im Gegenteil zu schüchtern. Sie neigen dazu, Konfrontationen zu umgehen, weil Sie Ihre Meinung nicht äußern wollen, jedoch trägt diese Haltung nicht dazu bei, Angelegenheiten zu lösen. Sie sollten sich bemühen, alles herauszufinden, was Ihnen Angst macht, anstatt diese Angstgefühle zu ignorieren.

Körperlicher Zustand: Mangelndes Selbstvertrauen drückt sich durch hochempfindliches (blutendes) Zahnfleisch aus. Wenn nicht genügend Einsicht vorhanden ist (wenn man nicht sehen will), sind die Augen in ihrer Sehfähigkeit beeinträchtigt. Angst kann auch im Bereich des Nackens zu Verspannungen führen. Da Sie Angst haben, versuchen Sie oft, durch Einnehmen der verschiedensten Mittel, die zur Sucht führen können, die Realität zu überdecken. Daraus resultiert eine Vergiftung des Körpers. Die Ursachen für körperliche Beschwerden können nicht direkt festgestellt werden und sind nur schwer herauszufinden.

Übergangszahl 8

Sie sind zu ehrlich, und das kann andere sehr verletzen. Andererseits können Sie auch unehrlich sein, was auch schmerzhaft ist. Sie müssen lernen, Verständnis und Urteilsvermögen für andere Menschen und für Besitz zu entwickeln. Um Ihre Ziele zu erreichen, verhalten Sie sich möglicherweise nicht immer angenehm und korrekt, jedoch kann es auch sein, daß Ihnen Durchsetzungsvermögen oder Ehrgeiz fehlen. Geld und Besitz kann zu sehr im Vordergrund stehen, und es fällt Ihnen schwer, sich davon zu lösen. Auch das andere Extrem kann auftreten. Ihre Aufgabe kann sein, ein Gleichgewicht in diesen Angelegenheiten zu finden.

Körperlicher Zustand: Das Verdauungssystem kann beeinträchtigt sein, da Sie die Erfahrungen nicht richtig verarbeiten können und zu sehr an Ihrem Besitz hängen oder nicht loslassen können. Gallen- oder Zahnbeschwerden stehen für Aggression. Bei zuviel Streß und in diesem Fall zu stark ausgeprägtem Ehrgeiz kann der Blutdruck zu hoch sein und zu starker Nervosität führen.

Übergangszahl 9

Sie sollten versuchen, Ihr emotionales Leben auszugleichen. Sie haben möglicherweise auf diesem Gebiet mehr Schwierigkeiten als andere. In bestimmten Situationen lassen Sie sich entweder aufgrund der Schwierigkeiten anderer oder durch Ihre Begeisterung zu leicht mitreißen. Jedoch gibt es auch Zeiten, in denen Sie absolut kein Interesse an Ihrer Umgebung zeigen. Sie haben in dieser Periode die Chance, vieles über den menschlichen Charakter zu erfahren und dies auch zusammen mit Ihren bereits erworbenen Einsichten anzuwenden; dadurch wird Ihre Einstellung zum Leben geprägt. Manchmal sind Sie verbittert oder fühlen sich unglücklich, aber letztlich können Sie das erforderliche Verständnis für andere und für sich selbst zeigen.

Körperlicher Zustand: Die Lebenserfahrungen müssen verarbeitet und in Ihre Lebenseinstellung integriert werden. Wenn Sie das Leben nicht so sehen können, wie es wirklich ist, und Sie immer an die Vergangenheit oder die Zukunft denken, kann dies zu Mangel an Ausgeglichenheit führen. Die Augen und die

Ohren stehen für die Bereitschaft, Dinge zu sehen und zu hören, wie sie wirklich sind. Inwieweit Sie sich von anderen „mitreißen“ lassen und „die Kontrolle über sich selbst verlieren“ können, wirkt sich auf Ihr seelisches und körperliches Gleichgewicht aus. Dies wiederum zeigt sich in Ihrem motorischen Nervensystem und in Beschwerden des Nervensystems.

4. Einstellung zum Leben

Die Einstellung eines Menschen zum Leben ist das Ergebnis der Lektionen und Erfahrungen, die er bereits in seinem Leben gelernt beziehungsweise gesammelt hat. Aus diesem Grund verändert sich die Lebenseinstellung natürlich ständig. Automatisch werden Situationen gesucht, die Einsicht und Wissen erweitern und stärken. Der Mensch zieht das an, was erforderlich ist, und diese Menschen, Situationen und Umstände ändern sich natürlich mit jeder neuen Erfahrung und jeder neu gewonnenen Einsicht.

Am Anfang unserer Betrachtung stehen die *Lebenslektionen*. Hier handelt es sich um Situationen, mit denen ein Mensch konfrontiert wird, vor denen er jedoch Angst hat oder die ihm zuwider sind. Diese Ablehnung entsteht, weil der Betreffende nicht bereit ist, zu „sehen“ und zu „fühlen“. Solange er nicht erkennt, warum er bestimmte Ideen und Gefühle hat, und sich ihnen offen stellt, um die damit verbundenen Erfahrungen voll und ganz zu erleben, wird er immer wieder dieselbe Art von Situationen, Erfahrungen und Lektionen anziehen und suchen.

Die *allererste Reaktion* zeigt die unbewußte Reaktion eines Menschen. Bei einer unerwarteten Konfrontation wird die Aufmerksamkeit für die Bereiche, auf die sie sich normalerweise richtet, geschwächt. Unbewußte und unterdrückte Gefühle und Ängste, die gewöhnlich ignoriert oder verdrängt werden, werden dann sichtbar.

Außerdem werden die *Bereiche* gezeigt, auf die normalerweise die Aufmerksamkeit gerichtet ist: auf sich selbst (eigene Entwicklung), auf die anderen (zu Gunsten der anderen) oder auf das Zusammenwirken (Kooperation, Zusammenarbeit). Die höchste Aufmerksamkeit wird auf das Gebiet mit dem *höchsten Zahlenwert* gerichtet. Der niedrigste Zahlenwert gibt den Bereich an, der zur weiteren Entwicklung dieses Aspekts besonders zu berücksichtigen ist.

Die Bedeutungen der genannten numerologischen Zahlen sind eng miteinander verbunden und sollten deshalb bei einer numerologischen Analyse in Betracht gezogen werden, um grundlegende Einsichten und Erkenntnisse zu erhalten.

4.1 Berechnen der Lebenseinstellungszahlen

4.1.1 Berechnen der Lebenslektionszahlen

Die numerologischen Werte der Lebenslektionszahlen werden entsprechend folgendem Beispiel ermittelt: In der Tabelle der *Primärreaktionszahlen* sucht man die Zahlen mit demselben *niedrigsten* Zahlenwert. Das können auch mehrere Zahlen sein. In der Berechnung des Beispiels ist 0 der niedrigste Wert; die Zahl 7 kommt nicht vor und *entspricht damit 0.* Daraus ergibt sich für die Lebenslektionszahl der Wert 7.

4.1.2 Berechnen der Primärreaktionszahl

Zur Berechnung des numerologischen Werts der Primärreaktionszahl überprüft man, welche numerologischen Werte im Geburtsnamen *nicht* vorkommen. Anschließend wird die Zahl, die angibt, *wie oft der Null-Wert vorkommt,* von 9 subtrahiert. Bei dieser Berechnung wird 22 auf *4* und 11 auf *2* reduziert.

Beispielrechnung:

A	L	E	X	A	N	D	E	R					
1	3	5	6	1	5	4	5	9					
M	I	C	H	A	E	L							
4	9	3	8	1	5	3							
M	E	R	K	E	L	-	B	A	R	T	H		
4	5	9	11(2)	5	3		2	1	9	2	8		

1	A, A, A, A	kommt 4mal vor
2	B, T, K (11)	kommt 3mal vor
3	L, L, L, C	kommt 4mal vor
4	D, M, M	kommt 3mal vor
5	E, E, E, E, E, N	kommt 6mal vor
6	X	kommt 1mal vor
7		kommt nicht vor (0)
8	H,H	kommt 2mal vor
9	R, R, R, I	kommt 4mal vor

In diesem Beispiel kommt der Wert 0 *einmal* vor. Die Primär-Reaktionszahl lautet: 9 - 1 = **8**

4.1.3 Berechnen der „Ego"-, der „Zusammen"- und der „Die-anderen"-Zahl

„Ego"-Zahl
Mit dieser Zahl wird angegeben, wie oft 1, 5, 7, 8 und 11 in der Zahlentabelle auftreten, die zur Berechnung der Primärreaktionszahl erstellt wurde.

„Zusammen"-Zahl
Mit dieser Zahl wird angegeben, wie oft 2, 3, 8 und 22 auftreten.

„Die-anderen"-Zahl
Mit dieser Zahl wird angegeben, wie oft 4, 6, 9 und 22 auftreten.

Achtung: Hier werden 11 und 22 **nicht** auf ihren numerologischen Wert reduziert!

Bei dem Beispiel ALEXANDER MICHAEL MERKEL-BARTH ergeben sich die folgenden Zahlen:

„Ego"-Zahl:	1	kommt 4mal vor	
	5	kommt 6mal vor	
	7	kommt 0mal vor	
	8	kommt 2mal vor	
	11	kommt 1mal vor	
	Ergebnis:	4 + 6 + 0 + 2 + 1	= **13**
„Zusammen"- Zahl:	2	kommt 2mal vor	
	3	kommt 4mal vor	
	8	kommt 2mal vor	
	22	kommt 0mal vor	
	Ergebnis:	2 + 4 + 2 + 0	= **8**
„Die-anderen"-Zahl:	4	kommt 3mal vor	
	6	kommt 1mal vor	
	9	kommt 4mal vor	
	22	kommt 0mal vor	
	Ergebnis:	3 + 1 + 4 + 0	= **8**

4.2 Bedeutung der Lebenseinstellungszahlen

4.2.1 Bedeutung der Lebenslektionszahlen

Die Lebenslektionszahl zeigt insbesondere, welche Erfahrungen ein Mensch in seinem Leben machen wird. Die Erfahrungsebenen und/oder die Merkmale, die er bis jetzt noch nicht durchlebt hat, können genau die Erfahrungen sein, die er zu seiner Weiterentwicklung braucht. Im Laufe eines Lebens nimmt die Bedeutung dieser Lektionen immer mehr ab.

Lebenslektionszahl 1

Sie haben die Chance, Ihre Persönlichkeit und Ihre Individualität zu entwickeln und Ihre Einsichten zu vertiefen. Die intensive Beschäftigung mit Ihren eigenen Ideen ist eines Ihrer Merkmale. Sie können diese Vorstellungen sehr strebsam ohne fremde Hilfe oder Mitarbeit verwirklichen, auswerten und sich selbst Möglichkeiten dafür schaffen. Für Sie ist es sehr wichtig, zu Ihrer eigenen Überzeugung zu stehen, zumindest dann, wenn sie auf Ihren eigenen Lebenserfahrungen beruht.

Es kann für Sie schwierig sein, vor allem in jüngeren Jahren, sich als eigenständige Persönlichkeit zu sehen, und es kann leicht passieren, daß Sie sich anderen anpassen. Ihr Selbstvertrauen muß gestärkt werden, aber das können nur Sie selbst tun. Manchmal fühlen Sie sich unfähig, die Außenwelt zu erreichen und Zuwendung und Aufmerksamkeit zu bekommen. Dies hat meist etwas mit Ihren Minderwertigkeitsgefühlen zu tun, was Sie jedoch selbst ändern können.

Lebenslektionszahl 2

Sie können Ihrem spirituellen Wachstum selbst im Weg stehen (und oft auch Ihrem körperlichen Wachstum), weil Sie ganz auf vollkommen unwichtige Einzelheiten fixiert sind. Sie müssen versuchen, nicht so schnell verletzt zu sein und alles etwas lockerer zu sehen. Kritik verletzt Sie sehr leicht, und manchmal werden Sie ärgerlich, wenn andere Sie nicht sofort verstehen.

Aber nicht jeder begreift sofort, was Sie meinen. Das vergessen Sie oft, was zu Ungeduld und Verwirrung führt. Meist haben Sie dann die Einstellung: „Laß es bleiben! Ich mach es lieber selbst; das geht schneller!“ Sie sollten versuchen, mit anderen und deren Gefühlen rücksichtsvoller umzugehen, Zusammenarbeit anzuregen und nach mehr Harmonie und Ausgeglichenheit in Ihrer unmittelbaren Umgebung und in Ihrer Außenwelt zu streben.

Lebenslektionszahl 3

Die Art, sich auszudrücken, muß bei Ihnen besonders angeregt werden. Sie sollten den verschiedenartigsten Menschen begegnen, um Ihre Schüchternheit zu überwinden. Dabei kann Sie jede beliebige Ausdrucksform unterstützen. Besonders können Sie lernen, sich verbal wirksam auszudrücken, so daß andere Sie besser verstehen können.

Wenn Sie Mittelpunkt in einer Gesellschaft sind, fühlen Sie sich sehr unwohl, und deshalb passiert diese Situation so oft. Sie wissen nicht genau, wen Sie mögen und wen nicht, und es ist Ihnen selbst nicht immer klar, zu wem Sie gehören. Um es mit wenigen Worten auszudrücken: eine Auswahl zu treffen ist nicht gerade eine Ihrer starken Seiten. Dadurch vergeuden Sie sehr viel wertvolle Energie. Auch finden Sie es schwierig, die humorvolle und fröhliche Seite dieser Gesellschaft zu erkennen oder zu genießen. Auch diese Eigenschaft können Sie selbst ändern, indem Sie sich aktiv ausdrücken (malen, zeichnen, Theater spielen, Musik und so weiter).

Lebenslektionszahl 4

Sie haben sowohl in Ihrem Denken als auch in Ihren Aktivitäten kein System. Sie können chaotisch sein und manchmal vollkommen konfus. Es ist für Sie sehr wichtig, Klarheit in Ihr Leben zu bringen und auf alle Einzelheiten zu achten, ohne das Ganze aus den Augen zu verlieren. Auf diese Weise werden Sie nicht einfach mit einer Sache anfangen, sondern genau wissen, an welchem Punkt Sie beginnen müssen.

Sie sollten die Naturgesetze studieren, um das System und die Strukturen zu erkennen, zu verstehen und auch zu respektieren. Oft sind Sie ungeduldig, voreilig und handeln unüberlegt. Manuelle Arbeit liegt Ihnen im allgemeinen überhaupt nicht. Am liebsten haben Sie viel Spaß im Leben und beschäftigen sich nicht so gern mit der ernsten Seite des Lebens. Jedoch müssen Sie auch diese Seite schätzen lernen.

Lebenslektionszahl 5

Sie lehnen Veränderungen ab und haben oft dem Leben gegenüber eine ziemlich starre Haltung. Veränderungen können jedoch eine Belebung Ihres Lebens darstellen. Sie werden dies nach Ihren Lebenserfahrungen erkennen und entsprechenden Nutzen daraus ziehen.

Vor allem in jungen Jahren fürchten Sie sich vor Veränderungen. Es liegt Ihnen nicht, neue Menschen kennenzulernen und neue Erfahrungen zu machen. Anstatt nach draußen zu gehen, bleiben Sie lieber zu Hause in Ihrer vertrauten Umgebung.

Dadurch werden Sie zu Ihrem eigenen Gefangenen. Sie müssen es wagen, auf Ihre Außenwelt zu schauen! Sie müssen es wagen zu leben und sich selbst von diesen Ängsten befreien! Ihre festgelegten Einstellungen sollten Sie überprüfen und durch neue Ideen und Konzepte ersetzen. Es wäre gut für Sie, mit Leuten zusammenzukommen und zu versuchen, sie zu verstehen. Dabei müssen Sie akzeptieren, daß jeder das Recht hat, sein eigenes Leben zu leben, und daß die eigene Wahrheit nicht die einzige ist. Sie sollten sich weniger vor körperlichem Kontakt scheuen, und Sie werden sowohl auf körperlicher als auch auf spiritueller Ebene mehr Bewußtsein entwickeln.

Lebenslektionszahl 6

Sie bekommen jetzt die Gelegenheit zu erfahren, was Beziehungen bedeuten. Besonders wichtig sind Gruppenerfahrungen, denn es fällt Ihnen nicht leicht, sich einer Gruppe anzupassen. Die ersten Erfahrungen machen Sie in Ihrer eigenen Umgebung. Wie waren oder wie sind die Familienbindungen? Übertrieben streng oder fast ohne Kontakt? Sie müssen überprüfen, ob Sie in jungen Jahren das Gefühl hatten, daß Sie sich anpassen „mußten" – ganz gleich, ob Sie es wollten oder nicht.

Möglicherweise ist dieses Verlangen, sich Gruppen anzuschließen, solange vorhanden, bis Sie genügend Erfahrungen bezüglich der Anpassung gemacht haben. Gegen die Gesellschaft zu rebellieren und sich zum Beispiel gegen die Familie aufzulehnen, ist eines der Merkmale dieser Lektionen. Sie müssen auch lernen, Verantwortung an andere Menschen Ihrer Umgebung abzugeben.

Lebenslektionszahl 7

Einsamkeit und Alleinsein – solche Perioden werden von Ihnen selbst geschaffen, um die Essenz Ihres Daseins zu ergründen und zu verstehen. Bei Ihnen sind Einsamkeit und Angst eng miteinander verbunden: die Angst, sich zu binden, die Angst zu geben, die Angst zu nehmen, die Angst zu verlieren und die Angst vor der Angst. Diese Ängste können so stark werden, daß Sie nur noch auf Einzelheiten schauen und den Gesamtzusammenhang aus den Augen verlieren.

Ihr Leben ist gekennzeichnet durch unzählige Fragen und die Suche nach Antworten, die Sie in Büchern, Theorien, spirituellen Gruppen oder in der Religion zu finden hoffen. Im Verlauf Ihres Lebens entdecken Sie die tatsächliche Bedeutung von Angst und Einsamkeit. Sie selbst versuchen oft, Ihre Ängste zu verbergen, indem Sie andere verletzen, bevor Sie Ihrerseits von ihnen verletzt werden. Aber der Schmerz, den der andere fühlt, ist Ihr eigener Schmerz.

Die Mauer zwischen Ihnen und anderen ist Ihre eigene Mauer, die Sie selbst gebaut haben. Ganz gleich, wie sehr Sie versuchen, sich von anderen zu entfernen, Sie sind und werden immer an andere gebunden sein *(ALL-EIN!)*. Vorurteile sind das Ergebnis Ihrer eigenen Projektionen. Sie müssen lernen, objektiv zu sein. Dann wird aus Ihrer Voreingenommenheit *SELBST-ERKENNTNIS*.

Lebenslektionszahl 8

Bei dieser Lebenslektion sind Geld und Besitz das zentrale Thema. Sie bekommen die Gelegenheit, die verschiedensten Erfahrungen mit materiellen Werten zu machen, wie zum Beispiel den Umgang mit Besitz zu erlernen oder zu erkennen, daß die Materie wertvoll, nützlich und angenehm aber auch vergänglich sein kann und eine relative Angelegenheit ist. Es ist eine Kunst, mit Geld und Besitz richtig umgehen zu können.

Bei dieser Lebenslektion sind Eigenschaften wie Selbst-erkenntnis, tiefe Einsichten in die Fähigkeiten der Menschen Ihrer Umgebung und der richtige Gebrauch Ihrer Führungseigenschaften (oft dominierend) zu entwickeln. Wenn Sie versuchen, mit einer bestimmten Eigenschaft die Achtung anderer Menschen zu gewinnen, und sich danach sehnen, daß andere zu Ihnen aufschauen, kann es passieren, daß Sie von der Anerkennung Ihrer Umgebung abhängig werden. Sie werden sich selber vormachen, andere seien von Ihnen abhängig, aber genau das Gegenteil ist der Fall. Möglicherweise benutzen Sie diese Abhängigkeit, um Ihre persönliche Macht zu vergrößern. Letztlich werden Sie dadurch nicht die erwartete Befriedigung bekommen. Sie müssen vielmehr lernen, sich selbst, so wie Sie sind, zu schätzen; das kann niemand sonst für Sie tun.

Lebenslektionszahl 9

Sie versuchen oft, in die Vergangenheit oder in die Zukunft zu entfliehen, um die Gegenwart zu meiden. Sie sind wahrscheinlich häufig enttäuscht worden, weil das, was Sie Ihrer Meinung nach verdienen, nicht schnell genug zu Ihnen kommt.

Bevor Sie etwas erhalten können, müssen Sie etwas geben. Sie müssen mit Inspiration und Hingabe anfangen. Wenn Sie Ihre Ziele, die Sie sich gesetzt haben, erreichen, werden Sie nicht mehr das Gefühl haben, zu kurz zu kommen.

Setzen Sie sich jedoch nicht ein, wird das Gegenteil der Fall sein. Nach dieser so notwendigen Erfahrung werden Sie verstehen, was man mit Bemühungen und Engagement vollbringen kann, und automatisch werden Sie sich selbst und die Menschen in Ihrer Umgebung akzeptieren und verstehen. Außerdem werden Sie wesentlich toleranter.

4.2.2 Bedeutung der Primärreaktionszahlen

Diese Zahl drückt die allererste Reaktion auf eine kritische Situation aus. Die hier beschriebene Reaktion kommt spontan aus dem Unterbewußtsein, ohne daß man sich darauf vorbereiten kann. Die Werte *1* und *2* kommen in den üblichen westlichen Namen *nicht* vor.

Primärreaktionszahl 3
Sie reagieren sehr impulsiv, können in Tränen ausbrechen oder aufgeregt kichern. Wenn Sie plötzlich mit einer kritischen Situation konfrontiert werden, kann es Ihnen ganz heiß werden, und Sie suchen nach Auswegen, um den Umständen zu entfliehen.

Primärreaktionszahl 4
Ihre erste Reaktion ist gewöhnlich sehr zögernd. Da Sie nicht wissen, wie Sie Ihre Gefühle ausdrücken sollen, und sich lange überlegen, ob und wie Sie reagieren, versäumen Sie den richtigen Zeitpunkt zum Handeln.

Primärreaktionszahl 5
In Krisensituationen sind Sie völlig gelähmt, und andere müssen Ihnen sagen, was zu tun ist. Ihre Gedanken sind total durcheinander, und Sie sind in solchen Momenten handlungsunfähig.

Primärreaktionszahl 6
Sie machen sich sofort an die Arbeit. Sie packen an und helfen, wenn Hilfe benötigt wird, denn Sie sehen, was zu tun ist und übernehmen gerne die Führung. Auch macht es Ihnen nichts aus, die Verantwortung zu übernehmen.

Primärreaktionszahl 7
Situationen sofort zu analysieren und verstandesmäßig zu erfassen, ist Ihre erste Reaktion. Dabei werden die Gefühle auf eine Seite geschoben oder unterdrückt. Sie müssen besonders darauf achten, Situationen auf emotionaler Ebene zu verarbeiten, sobald Sie sich zurückziehen können.

Primärreaktionszahl 8
Wenn Sie mit einer emotionalen Situation konfrontiert werden, reagieren Sie meist sehr praktisch und zutreffend. Sie übernehmen dann die Führung und sagen anderen, was zu tun ist. Ihre Handlungsreaktion setzt unverzüglich ein.

Primärreaktionszahl 9
Oft muß man bei Ihnen abwarten, wie Sie reagieren. Manchmal handeln Sie, und ein anderes Mal warten Sie zögernd ab. Die kritische Situation scheint Sie dann nichts anzugehen,

obwohl Sie sicher innerlich betroffen sind. In den meisten Fällen akzeptieren Sie die Lage so, wie sie ist, und versuchen, das Beste daraus zu machen. Gewöhnlich überlegen Sie sofort, inwieweit es richtig ist, (gefühlsmäßig) zu reagieren.

4.2.3 Bedeutung der „Ego"-, der „Zusammen"- und die „Die-anderen"-Zahlen

Aus diesen Zahlen ist ersichtlich, auf welche Bereiche die *Aufmerksamkeit* gerichtet und konzentriert ist, auf sich selbst, auf die anderen oder auf Gemeinsamkeiten.

Der *höchste* Zahlenwert gibt den Bereich an, auf den die Menschen jetzt ihr Interesse richten; der *niedrigste* Zahlenwert steht für den Bereich, der für Sie in der Zukunft äußerst wichtig sein wird.

Die ***„Ego"***-Zahl zeigt, daß diese Menschen *stark* auf sich selbst ausgerichtet sind.

Bei der ***„Die-anderen"***-Zahl ist die Aufmerksamkeit im allgemeinen *stark* auf den Dienst am Nächsten gerichtet.

Die ***„Zusammen"***-Zahl ist die Konzentration *stark* auf Zusammenarbeit gerichtet, wie zum Beispiel in der Familie, am Arbeitsplatz oder im Freundeskreis.

Schließlich werden die Menschen diese drei Aspekte, die zur Entwicklung einer ausgeglichenen Persönlichkeit beitragen, gleichzeitig harmonisch leben können.

5. Vererbte Merkmale

Die *Zahlen der starken Charakterzüge* zeigen die wichtigsten Charaktereigenschaften eines Menschen. Die Wirkungen, die diese Zahlen zeigen, reichen von einem Extrem bis zu seinem krassen Gegenteil. Die *Basiszahl* zeigt die grundlegenden vererbten Merkmale. Aus der *Einstellungszahl* ist die Mentalität des jeweiligen Menschen ersichtlich, die meistens in der Kindheit geprägt wird, aber die Basis, wie zum Beispiel die starken Charakterzüge, ist für gewöhnlich bereits früher vorhanden.

Außerdem treten zeitweise spezielle Charakterzüge auf, die auch beachtet werden müssen und aus der *Zahl der speziellen Charakterzüge* ersichtlich sind. Allgemeine Charaktereigenschaften, die in der jeweiligen Familie vorhanden sind, werden mit der *Familiennamenszahl* angegeben.

Bei einer numerologischen Analyse muß diese Gruppe von vererbten Merkmalen zusammen mit den ersten drei grundlegenden numerologischen Werten, nämlich der Seelen-, Verhaltens- und Entwicklungszahl, ausgewertet werden. Wenn die Zahl der starken Charakterzüge mit der Seelenzahl übereinstimmt, ist diese Charaktereigenschaft besonders stark ausgeprägt. Möglicherweise sind die Entwicklungs- und die Einstellungszahl unterschiedlich (Mentalität). In diesem Fall empfinden die Menschen ihre Bedürfnisse als etwas „Verbotenes“.

5.1 Berechnen der Zahlen der vererbten Merkmale

5.1.1 Berechnen der Zahlen der starken Charakterzüge

Zur Berechnung der numerologischen Werte dieser Zahlen wird die Buchstabenanzahl des Geburtsnamens addiert, durch 10 dividiert und das Ergebnis nach unten abgerundet. Jede Zahl, die in der folgenden Zahlentabelle öfter als das erhaltene Resultat auftritt, steht für eine starke Charaktereigenschaft.

A	L	E	X	A	N	D	E	R	M	I	C	H	A	E	L
1	2	3	4	5	6	7	8	9	10	11	12	13	14	15	16

M	E	R	K	E	L	-	B	A	R	T	H
17	18	19	20	21	22		23	24	25	26	27

27 Buchstaben geteilt durch 10: 2,7 = **2**

1	A, A, A, A	4	= *größer* als 2
2	B, T, K (11)	3	= *größer* als 2
3	L, L, L, C	4	= *größer* als 2
4	D, M, M	3	= *größer* als 2
5	E, E, E, E, E, N	6	= *größer* als 2
6	X	1	
7		0	
8	H, H	2	
9	R, R, R, I	4	= *größer* als 2

Zahlen der starken Charakterzüge lauten: **1, 2, 3, 4, 5** und **9**.

5.1.2 Berechnen der Basiszahl

Als numerologischer Wert der Basiszahl wird der numerologische Wert des ersten Buchstabens im *ersten Geburtsnamen* verwendet (im hier verwendeten Beispiel 1):

ALEXANDER
1 = **1**

5.1.3 Berechnen der Einstellungszahl

Zum Berechnen der Einstellungszahl werden die numerologischen Werte des *ersten heute gebräuchlichen Namens* und des *Geburtstages* addiert.

A L E X A N D E R
1 + 3 + 5 + 6 + 1 + 5 + 4 + 5 + 9 = 39 = 3 + 9 = 12 = 1+2 = 3

Alexanders Geburtstag: 22
Endwert: 3 + 22 = 25 = 2 + 5 = **7**

5.1.4 Berechnen der Zahl der speziellen Charakterzüge

Der numerologische Wert für die Zahlen der speziellen Charakterzüge entspricht der Buchstabenanzahl im *Geburtsnamen*.

A	L	E	X	A	N	D	E	R	M	I	C	H	A	E	L
1	2	3	4	5	6	7	8	9	10	11	12	13	14	15	16

M	E	R	K	E	L	-	B	A	R	T	H
17	18	19	20	21	22		23	24	25	26	27

= 27 Buchstaben = 2 + 7 = **9**

5.1.5 Berechnen der Familiennamenszahl

Zum Berechnen der Familiennamenszahl werden die numerologischen Werte für die Buchstaben im *Geburtsfamiliennamen* addiert und auf einen numerologischen Wert reduziert.

M	E	R	K	E	L	-	B	A	R	T	H	
4 +	5 +	9 +	11 +	5 +	3	+	2 +	1 +	9 +	2 +	8	= 59

= 5 + 9 = 14 = 1 + 4 = 5

Endwert: **5**

5.2 Bedeutung der Zahlen der vererbten Merkmale

5.2.1 Bedeutung der Zahlen der starken Charakterzüge

Mit dieser Zahl werden die Eigenschaften angegeben, die im Charakter des jeweiligen Menschen am stärksten ausgeprägt sind und deshalb von seiner Umgebung am deutlichsten wahrgenommen werden.

Starke Charakterzugzahl 1

Sie arbeiten gerne für sich allein, können aber trotzdem umgänglich sein. Der männliche Aspekt ist bei Ihnen stärker ausgeprägt. Sie sind von Natur aus romantisch mit einer Spur Erotik. In Ihrem sexuellen Leben übernehmen Sie gerne die Initiative, und in Beziehungen sind Sie im allgemeinen der führende Teil. Es kann vorkommen, daß Sie zu sehr mit Ihren eigenen Wünschen beschäftigt sind.

Starke Charakterzugzahl 2

Sie führen gerne Arbeiten, sogar winzig kleine und knifflige, mit Ihren Händen aus. Musik zu hören, vor allem zusammen mit anderen, ist eine Ihrer Lieblingsbeschäftigungen. Sie kommen in Gruppen gut zurecht, und es kann leicht passieren, daß Sie körperliche Anziehung mit wirklicher Liebe verwechseln. In Ihren Beziehungen sind Sie eher passiv. Manchmal sind Sie launisch und verhalten sich nicht immer taktvoll.

Starke Charakterzugzahl 3

Sie ziehen gerne fröhliche Leute an. Kinder und/oder Tiere können für Sie sehr wichtig sein. Sie haben eine kreative und künstlerische Art und sind voller Energie. Wenn Sie Ihren inneren Frieden noch nicht gefunden haben, neigen Sie dazu, Ihre Aufmerksamkeit auf mehrere Beziehungen gleichzeitig zu richten, anstatt sich nur auf die Verbindung mit einem Menschen zu konzentrieren. Haben Sie endlich den fröhlichen und verständnisvollen Partner gefunden, wird Ihre nervöse Ruhelosigkeit in kreative und produktive Energie gewandelt.

Starke Charakterzugzahl 4
Sei es mit Ihren Händen oder mit Ihrem Verstand, Sie verstehen es, Ordnung und Regelmäßigkeit zu schaffen. Sie sind aufrichtig und sehen die Dinge oft sehr nüchtern. In Ihrer Umgebung haben Sie gerne Gäste, die Sie mit schöner Musik und angenehmen Gesprächen unterhalten. In Beziehungen sind für Sie Sicherheit und Ausgeglichenheit wichtiger als starke emotionale Bindungen. Aufgrund einer zu nüchternen Haltung können Sie unter geringen Kontaktmöglichkeiten und Gefühlsausbrüchen leiden, die durch verborgene und angestaute Gefühle entstehen.

Starke Charakterzugzahl 5
Tanzen, Sport, Reisen und Kontakte zu pflegen halten Sie für sehr wichtig. Sie haben keine Angst vor Veränderungen, sind vielseitig und treffen gerne neue Leute. Sie neigen dazu, Konfrontationen aus dem Weg zu gehen und den Begriff „Freiheit" verdreht auszulegen. In Beziehungen wollen Sie sich nicht „angebunden" fühlen. Der körperliche Aspekt ist wichtig für Sie, und Sie empfinden Berührungen und Zärtlichkeiten als sehr angenehm.

Starke Charakterzugzahl 6
Sie scheinen immer damit beschäftigt zu sein, alles nach den Wünschen anderer zu machen. Da Sie leicht verunsichert sind, ist es wichtig für Sie, daß andere Sie mögen. Oft können Sie zwar die anderen, jedoch nicht sich selbst verstehen. In vielerlei Hinsicht zeigen Sie sehr viel Ausdauer. Ihrem Wesen nach sind Sie romantisch und manchmal etwas dramatisch. In Beziehungen sind Sie im wesentlichen passiv. Jedoch können Sie auch aufgrund Ihrer Unsicherheit dominierend und bestimmend sein.

Starke Charakterzugzahl 7
Sie sind sehr wißbegierig in allem, was Sie interessiert, und wollen alles ergründen. Sie lieben das Studieren, zum Beispiel anhand von Büchern. Ihre Aufmerksamkeit ist mehr auf die geistigen Dinge gerichtet, und das Physische kommt erst an zweiter Stelle. Von Zeit zu Zeit müssen Sie sich zurückziehen, und es kann die Gefahr bestehen, daß dieses Gefühl bei Ihnen

zu intensiv wird. Sie verlieben sich nicht leicht und gehen nicht schnell eine dauerhafte Beziehung ein. Da Sie auf festem Boden stehen möchten und auch Angst haben, diesen wieder zu verlieren, stellen Sie sich nicht der Realität des Alltags.

Starke Charakterzugzahl 8

Manuelles Arbeiten und Handel treiben gehören zu Ihren Beschäftigungen. Sie haben ein freundliches, ehrliches und großzügiges Wesen. In Ihrem Umgang mit anderen sind Sie nicht direkt, erwarten aber Ihrerseits Offenheit. Es ist Ihnen wichtig, bei anderen einen guten Eindruck zu machen – vor allem, weil sich dies später positiv auswirken könnte. Auch in Beziehungen wollen Sie immer die Führung in der Hand halten. Normalerweise sind Sie derjenige, der beim körperlichen Kontakt den ersten Schritt macht. Wenn Ihre eigenen Interessen zu sehr im Vordergrund stehen und Sie sich nicht um die anderen kümmern, können Sie besitzergreifend und habgierig sein.

Starke Charakterzugzahl 9

Sie haben weitreichende Einsichten, übersehen aber oft die kleineren Einzelheiten. Manchmal sind Sie aufgrund eines nicht angebrachten Schuldgefühls zu schnell bereit, anderen einen Dienst zu erweisen. Es bedeutet auch, daß Sie nicht immer sehr aufmerksam gegenüber den Menschen in Ihrer unmittelbaren Umgebung sind. Sie geben sich gerne selbst, haben aber oft das Gefühl, daß Sie nichts zurückbekommen. Sie sind ein bißchen in die Liebe verliebt; haben Sie jedoch eine ernsthafte Beziehung, geben Sie wirklich alles.

Starke Charakterzugzahl 11

Sie stehen mit einem Bein in der spirituellen und mit dem anderen in der materiellen Welt. Sie sind ein Träumer, haben eine große Vorstellungskraft, finden jedoch nicht immer eine Möglichkeit, Ihre Vorstellungen auszudrücken. Deshalb können Sie von Zeit zu Zeit unter starker Nervosität leiden. Sie hören gerne Musik, sind fähig und lieben es auch, mehrere Dinge gleichzeitig zu tun. In Beziehungen können Sie fordernd sein, und Ihr sexuelles Verhalten ist nach außen gerichtet. Sie leiden ständig unter Minderwertigkeitsgefühlen.

Starke Charakterzugzahl 22
Sie besitzen sehr viel Energie und arbeiten gerne auf manuellem und geistigem Gebiet. Sie suchen Aktivitäten, bei denen Sie etwas organisieren und Ihre Erfahrungen verwenden können. Sie mögen es, wenn andere Menschen um Sie sind. Ihrem äußeren Verhalten nach scheinen Sie sich schnell anzupassen, verarbeiten jedoch auf der Gefühlsebene Situationen wesentlich langsamer. In Beziehungen sind Sie aktiv, aber auch sehr konservativ. Wenn Sie sich nicht genügend ausdrücken können, treten bei Ihnen Nervosität, Minderwertigkeitsgefühle und Unentschlossenheit auf.

5.2.2 Bedeutung der Basiszahlen

Diese Zahl stellt die Basis der Persönlichkeit eines Menschen dar, die sich aus den jeweiligen Charakterzügen und -eigenschaften zusammensetzt, und auf die man von Zeit zu Zeit zurückgreifen können muß. Eine deutlich erkennbare Linie zieht sich durch all diese Eigenschaften.

Basiszahl 1
Zu Ihren grundlegenden Eigenschaften gehören Selbständigkeit und Originalität, die jedoch auch in äußerst abhängiges, egozentrisches Verhalten und Nachahmen anderer umschlagen können.

Basiszahl 2
Zu Ihren grundlegenden Eigenschaften gehören Sensibilität und Kooperation, die jedoch auch in jammervolles und gelangweiltes Verhalten und Vermeiden von zu lösenden Problemsituationen umschlagen können.

Basiszahl 3
Ihre grundlegende Eigenschaft ist Ihre optimistische Sichtweise des Lebens. Sie sind künstlerisch veranlagt, besitzen Vorstellungsvermögen, haben einen Blick für kunstvolle und schöne Dinge und lieben die humorvolle Seite des Lebens. Diese Eigenschaften können jedoch auch in Nervosität, chaotisches Verhalten und Eifersucht umschlagen.

Basiszahl 4
Zu Ihren grundlegenden Eigenschaften gehören Ausdauer, Disziplin, Regelmäßigkeit, Frieden und Ruhe. Diese Merkmale können sich jedoch auch ändern, so daß Sie Ihre Liebesgefühle nicht ausdrücken können, nicht mehr flexibel sind und dazu neigen, immer im gleichen Trott zu leben.

Basiszahl 5
Zu Ihren grundlegenden Eigenschaften gehören Vielseitigkeit, Beweglichkeit und Abenteuerlust, die jedoch in zu impulsives Verhalten, Sensationslust und ständige Suche nach Befriedigung umschlagen können.

Basiszahl 6
Zu Ihren grundlegenden Eigenschaften gehören Verantwortungsbewußtsein sowie Beratung und Unterstützung beim Schlichten von Meinungsverschiedenheiten (speziell in Gruppen). Diese Merkmale können jedoch auch in zu starke Einmischung, dominantes und eifersüchtiges Verhalten umschlagen.

Basiszahl 7
Zu Ihren grundlegenden Eigenschaften gehören starke Intuition und eine gelassene, abwägende und ruhige Haltung. Diese Merkmale können jedoch in depressive Neigungen, einen Mangel an Realismus und das Vermeiden von konfrontierenden Situationen und Gesprächen umschlagen.

Basiszahl 8
Zu Ihren grundlegenden Eigenschaften gehören Führungsqualitäten, praktisches Handeln, Organisationstalent und Konzentration auf Besitz. Diese Merkmale können jedoch in ungerechtes und autoritäres Benehmen und in aggressives und destruktives Verhalten umschlagen.

Basiszahl 9
Zu Ihren grundlegenden Eigenschaften gehören starke Vorstellungskraft, unpersönliche Liebe, Gefühl für Romantik und dienende Haltung, die jedoch in egoistisches Verhalten, Eifersucht, Opferhaltung und Bitterkeit umschlagen können.

Basiszahl 11
Zu Ihren grundlegenden Eigenschaften gehören Intuition, Inspiration, die Fähigkeit, Situationen von zwei Seiten zu sehen, und Unternehmungsgeist, die jedoch in Nervosität, Ruhelosigkeit, Selbstverherrlichung und Minderwertigkeitsgefühlen umschlagen können.

Basiszahl 22
Zu Ihren grundlegenden Eigenschaften gehören Gestaltungsfähigkeit, bei der alle Einzelheiten und zukünftige Möglichkeiten berücksichtigt werden, und Verwirklichen von Idealen. Diese Merkmale können sich jedoch auch ändern in destruktives Verhalten und Ausnutzen der Unterstützung anderer, um dies später auf Kosten anderer zum eigenen Vorteil zu verwenden.

5.2.3 Bedeutung der Einstellungszahlen

Die Einstellungszahl beschreibt die mentale Haltung eines Menschen gegenüber seiner Umgebung und auftretenden Situationen.

Einstellungszahl 1
Sie sind sehr ehrlich und konfrontieren andere, da Sie ihnen die Wahrheit ins Gesicht sagen. Oft stellt die Wahrheit eine Konfrontation dar, die nicht jeder dankbar annimmt. Sie haben häufig sehr originelle Ideen.

Einstellungszahl 2
Sie sind ein sehr versöhnlicher Mensch, und es fällt Ihnen nicht leicht, für eine Seite Partei zu ergreifen oder für eine Person oder Sache einzustehen. Sie sind ein wahrer Meister im Umsetzen von Ideen anderer. Durch Ihre Unklarheit können Sie manchmal launisch sein.

Einstellungszahl 3
Sie haben eine fröhliche und optimistische Einstellung zum Leben. Deshalb ist man gerne mit Ihnen zusammen. Sie haben eine bestimmte Art von Humor und sind in Gesellschaft oft der große Sprecher. Es fällt Ihnen schwer, anderen, die Ihnen ihre Probleme mitteilen, aufmerksam zuzuhören.

Einstellungszahl 4
Sie sind praktisch veranlagt und sehr ausdauernd. Man schätzt Sie wegen dieser Eigenschaft. Sie können andere nicht immer richtig einschätzen und neigen manchmal dazu, zuviel von Ihnen zu verlangen. Sie nehmen alles sehr genau und sind äußerst korrekt.

Einstellungszahl 5
Sie sind ein fröhlicher Mensch, der gern den Umgang mit den verschiedensten Menschen pflegt und ihre Gesellschaft häufig wechselt. Ihre Neugier führt Sie oft in neue und manchmal aufregende Situationen. Es kann vorkommen, daß Sie Konfrontationen aus dem Weg gehen. Sie lassen sich leicht vom äußeren Erscheinungsbild beeindrucken.

Einstellungszahl 6
Sie lieben eine angenehme, häusliche Umgebung und haben eine Vorliebe für ein gewisses Maß an Komfort. Wenn Probleme auftreten könnten, übernehmen Sie gerne die Rolle des Vermittlers. Manchmal sind Sie zu impulsiv mit Ihren Ratschlägen. Andere meinen, daß Sie sich zu sehr in ihre Angelegenheiten einmischen und sagen das auch.

Einstellungszahl 7
Sie haben eine ruhige und beschauliche Art. Sie versuchen, die Dinge so objektiv wie möglich zu beurteilen und zu erkennen, was die Beweggründe anderer für ihre Handlungen sind. Manchmal haben Sie das Bedürfnis, sich zurückzuziehen und sich von Ihrer Umgebung abzuschirmen.

Einstellungszahl 8
Sie sind meistens sehr nüchtern und Ihrem Wesen nach vertrauenswürdig, freundlich und bereitwillig. Niemand sollte Sie für einen Verrückten halten, denn das akzeptieren Sie nicht. Dann können Sie sehr hart sogar zu sich selbst sein. Außerdem kennen Sie sich gut aus, vor allem in materiellen Angelegenheiten.

Einstellungszahl 9
Sie sind im allgemeinen zu anderen nett und freundlich und bringen sich oft selbst in ungeschützte Positionen, die andere manchmal zu ihrem Vorteil nutzen. Originelles und Künstlerisches können Sie sehr gut beurteilen.

Einstellungszahl 11
Sie sind sehr wechselhaft: entweder sind Sie aktiv, hilfsbereit und freundlich, oder Sie erwarten von anderen Hilfe und sind entsetzt, wenn Sie diese Unterstützung nicht bekommen. Unstimmigkeiten sind Ihnen zuwider und verunsichern Sie, und Sie tun alles, um Konflikte zu klären.

Einstellungszahl 22
Sie haben eine idealistische und herzliche Art. Im allgemeinen versuchen Sie, möglichst praktisch zu denken und zu handeln. Sie achten auf die „kleinen Dinge", denken aber oft sehr „großzügig". Man kann Ihnen vertrauen und sich auf Sie verlassen. Sie sind aktiv, und wenn Sie sich nicht ausdrücken können, kann diese Aktivität in Unsicherheit und Pedanterie ausarten.

Einstellungszahl 33
Sie sind sehr rücksichtsvoll, aber manchmal auch zu sorglos. Sie können sehr hilfsbereit und freundlich sein, wenn es erforderlich ist, bieten Ihre Hilfe aber auch den Menschen an, die es nicht wollen. Manchmal scheinen Sie in Ihren sozialen Kontakten angespannt und oberflächlich zu sein.

5.2.4 Bedeutung der Zahlen der speziellen Charakterzüge

Hier handelt es sich um spezielle Charakterzüge eines Menschen, die ziemlich regelmäßig an die Oberfläche kommen und normalerweise im Unterbewußtsein verborgen sind.

Spezielle Charakterzugzahl 1
Sie sind aktiv und fortschrittlich und stehen gern im Mittelpunkt der Aufmerksamkeit. Sie besitzen ziemlich viel Kreativität, aber Sie müssen an einem Thema genügend interessiert sein, um diese Kreativität richtig einzusetzen.

Spezielle Charakterzugzahl 2
Sie haben starke Emotionen, sind leicht verletzt und versuchen alles, um Ihre Gefühle vor anderen zu verbergen. Auf diese Weise wollen Sie Streit und Auseinandersetzungen vermeiden.

Spezielle Charakterzugzahl 3
Sie besitzen sehr viel Energie, die jedoch durch Ihre vielseitigen Interessen verzettelt werden kann. Sie setzen nicht alles daran, um etwas Angefangenes zu beenden.

Spezielle Charakterzugzahl 4
Ihnen kann man vertrauen, und Sie sagen selten mehr, als Sie sollten. Sie vermissen fast nichts. Manchmal machen Sie viele Worte um unwichtige Dinge.

Spezielle Charakterzugzahl 5
Sie mögen Unterhaltung und lieben Abwechslung und Vielfalt. In Problemen sehen Sie Herausforderungen, die das Leben erst so richtig spannend machen.

Spezielle Charakterzugzahl 6
Sie lieben Gäste, speziell bei sich zu Hause. Sie sind romantisch und zugänglich. Sie möchten anderen sagen, wie sie ihre Probleme lösen sollen.

Spezielle Charakterzugzahl 7
Sie lieben Frieden und Ruhe. Sie sind technisch begabt und können Dinge auseinandernehmen und wieder zusammensetzen. Sie gehen mit Worten sparsam um. Manchmal kreisen Ihre Gedanken sehr lange um ein und dasselbe Thema.

Spezielle Charakterzugzahl 8
Sie sind kreativ, aktiv und schätzen es, wenn andere ihre Vereinbarungen erfüllen. Sie halten selbst, was Sie versprechen. Aufgrund Ihrer Führungseigenschaften sind Sie etwas dominierend und haben normalerweise sehr viel Selbstvertrauen.

Spezielle Charakterzugzahl 9
Sie lassen nicht gerne etwas unerledigt liegen. Sie kümmern sich um andere, oft auf Ihre Kosten, und sind ein idealistischer Träumer. Oft lassen Sie sich von anderen überrollen oder zum

Schweigen bringen. Durch Ihre Impulsivität bringen Sie sich oft in kritische Situationen. Ihre Gegenwart wirkt auf andere heilend.

Spezielle Charakterzugzahl 11
Sie werden von anderen angezogen und ziehen Ihrerseits durch Ihre Energie andere an. Wenn Sie sich nicht ausreichend ausdrücken können, werden Sie möglicherweise ziemlich nervös. Sie sind sehr sensibel und haben viel Intuition. Oft greifen Sie die Gedanken anderer auf.

Spezielle Charakterzugzahl 22
Ihr Charakter ist durch Ihre Sensibilität geprägt. Im Kern sind Sie sehr exakt, aber durch Ihre überschäumende Energie können Sie manchmal geistesabwesend sein. In vielen problematischen Situationen gelingt es Ihnen, Harmonie zu schaffen.

Spezielle Charakterzugzahl 33
Sie besitzen sehr viel Energie, die sich manchmal in Nervosität und Gelangweiltsein umwandeln kann. Sie können sehr aktiv sein, speziell im Erteilen von Ratschlägen. Beim Lösen von Problemen sind Sie ein guter Vermittler.

5.2.5 Bedeutung der Familiennamenszahlen

Der Familienname ist der von Generation zu Generation weitergegebene Geburtsname. Aus dieser Zahl kann man die Grundzüge des Charakters eines Menschen ersehen. Es handelt sich hierbei um die Gewohnheiten und Eigenschaften, die man von seiner Familie geerbt hat. Zur Berechnung der Familiennamenszahl wird der allererste (offizielle) bekannte Geburtsfamilienname verwendet. Im Wesen eines Menschen können sowohl positive als auch negative Charakterzüge auftreten.

Familiennamenszahl 1
Positive Charakterzüge: Selbständigkeit, Fortschrittlichkeit, Entschlossenheit, Kreativität und Originalität.

Negative Charakterzüge: Abhängigkeit, Bitterkeit, Unentschlossenheit, Herrschsucht, Nachahmen anderer und Eifersucht aufgrund von Minderwertigkeitsgefühlen.

Familiennamenszahl 2
Positive Charakterzüge: Harmoniegefühl, Blick für Einzelheiten, beharrlicher Fleiß, Klanggefühl und Kooperation.

Negative Charakterzüge: Übersensibilität, Langweiligkeit, Unausgeglichenheit, Unehrlichkeit und Eifersucht aufgrund von Neid hinsichtlich Beziehungen.

Familiennamenszahl 3
Positive Charakterzüge: Optimismus, Aktivität, Ausdrucksfähigkeit, Geselligkeit und künstlerisches Talent.

Negative Charakterzüge: Vergeuden von Energie, Gleichgültigkeit, Oberflächlichkeit, Übertreibung und Eifersucht aufgrund von Minderwertigkeitsgefühlen.

Familiennamenszahl 4
Positive Charakterzüge: Ausdauer, praktische Veranlagung, technisches Verständnis, Standhaftigkeit, Selbstbeherrschung und Vertrauenswürdigkeit.

Negative Charakterzüge: Mangel an Flexibilität, Eigensinn, Mißtrauen, kein Praktiker, Unfähigkeit, seine Gefühle zu zeigen, Gereiztheit und Eifersucht aufgrund von Neid hinsichtlich materiellen Besitzes.

Familiennamenszahl 5
Positive Charakterzüge: Beweglichkeit, guter Umgang, gute Orientierungsfähigkeit, Lernbegierde, Mut und Tapferkeit, optimaler und richtiger Einsatz der Sinne.

Negative Charakterzüge: Sensationslust, Verantwortungslosigkeit, falscher Einsatz der Sinne, Langeweile, Angst, Hinauszögern von Entscheidungen und Eifersucht aufgrund von Neid hinsichtlich Eigentums (Beziehungen und materieller Art).

Familiennamenszahl 6
Positive Charakterzüge: Gruppenbewußtsein, Freundlichkeit, Bereitschaft, Ratschläge zu geben, beschützendes Verhalten, Schlichten von Streitigkeiten, Sozialbewußtsein, Sensibilität und Häuslichkeit.

Negative Charakterzüge: Einmischen in fremde Angelegenheiten, Altmodischsein, Gefühlsduselei, Aggressivität, Hartnäkkigkeit, Streitsucht und Eifersucht aufgrund von Minderwertigkeitsgefühlen.

Familiennamenszahl 7

Positive Charakterzüge: Gedankenreichtum, Zufriedenheit, Frieden und Ruhe, Erwägen und Analysieren, Würde, Vervollkommnung und Intuition.

Negative Charakterzüge: Vermeiden von Konfrontationen, Angst, Sucht, Depression, Schüchternheit, impulsives Verhalten, Grobheit und Eifersucht aufgrund von Neid hinsichtlich Wissens und/oder Leistung oder Errungenschaften.

Familiennamenszahl 8

Positive Charakterzüge: richtiger Umgang mit Geld und Besitz, Führungsqualitäten, Selbstbeherrschung, Aktivität, Ehrgeiz, Großzügigkeit.

Negative Charakterzüge: Geiz, Besitzgier, Egozentrik, Aggression, Eifersucht aufgrund von Neid hinsichtlich materiellen Besitzes.

Familiennamenszahl 9

Positive Charakterzüge: Schwärmerei, künstlerische Natur, Vorstellungskraft, Freundlichkeit, Taktgefühl und Verständnis.

Negative Charakterzüge: Selbstzerstörerisches Verhalten, Gefühlsausbrüche, Sentimentalität, Heimweh, extreme Impulsivität, Eifersucht aufgrund von Neid hinsichtlich Beachtung.

Familiennamenszahl 11

Positive Charakterzüge: starke Intuition, Vorstellungskraft, Führungsqualitäten, aktive Fortschrittlichkeit und Verbinden von Realem und Nichtrealem.

Negative Charakterzüge: Nervosität, Kurzsichtigkeit, Selbstherrlichkeit, Egoismus, Depression, nicht voraussagbare Reaktionen und Eifersucht hinsichtlich Beziehungen, Beachtung, Leistung und Besitzes.

Familiennamenszahl 22

Positive Charakterzüge: starke Intuition, Ausdauer, technisches und praktisches Talent, Vermehren von materiellem Besitz, konstruktives, idealistisches und verständnisvolles Verhalten, jedoch nicht emotional und bereit zu dienen.

Negative Charakterzüge: Destruktivität, Kummer, Nervosität, Machtmißbrauch und starke Emotionalität, Eifersucht, speziell hinsichtlich körperlicher Attraktivität, Besitz, Beziehungen und Beachtung.

Familiennamenszahl 33

Positive Charakterzüge: starke Intuition, Bereitschaft, anderen zu dienen, Fürsorge, Vorstellungskraft, Verwirklichung von Vorstellungen, Empfindsamkeit und Vermitteln bei Konflikten.

Negative Charakterzüge: Nervosität, Gefühlsduselei, Einmischen in fremde Angelegenheiten, Verursachen von Konflikten und falsche Urteile (Vorurteile), Eifersucht, speziell hinsichtlich Beachtung, Leistung, Beziehungen und körperlicher Attraktivität.

6. *Angaben zur Geburt*

In diesem Kapitel werden numerologische Werte erläutert, die anhand von einzelnen *Angaben zur Geburt* berechnet werden.

Die *Geburtstagszahl* gibt Auskunft über Eigenschaften, die ein Leben lang unverändert bleiben. Der numerologische Wert der *Geburtsuhrzeit* sagt etwas über die *Auswirkung* des Geburtstags aus, die je nach *Geburtszeit* (vor oder nach 12.00 Uhr mittags) unterschiedlich ist:

- Liegt die Geburtszeit *vor* 12.00.01 (Ortszeit), wirkt sich auch der Einfluß des vorhergehenden Tages aus.
- Liegt die Geburtszeit *nach* 12.00.00, wirkt sich nur der Einfluß des Geburtstags aus.

Bei diesen Überlegungen muß zwischen universellen und persönlichen Zeitabschnitten unterschieden werden. Ein *universaelles Jahr* gilt für alles und jeden, wie beispielsweise das Jahr 1993, das ein universelles Jahr hinsichtlich der gesamten Weltereignisse ist. Das *persönliche Jahr* hingegen ist ein numerologischer Wert, der speziell auf den Betreffenden zutrifft. Diese persönliche Jahreszahl wird, ebenso wie die persönliche Monats- und Tageszahl, aus dem jeweiligen Geburtsdatum errechnet. Diese Zahlen weisen darauf hin, welche Einflüsse in diesen Zeitabschnitten auf Wesen und geistige Verfassung wirken. Man kann diese Einflüsse akzeptieren oder sich ihnen widersetzen, weil man sich ihrer kaum oder gar nicht bewußt ist.

Die *Geburtsortzahl* gibt Auskunft über Einflüsse, die im Zusammenhang mit den „wachzurüttelnden" Wesenszügen des Betreffenden stehen. Hier geht es vor allem darum, bewußte oder unbewußte, jedoch immer vorhandene Eigenschaften zu wecken und zu leben.

6.1 Berechnen der Geburtszahlen

6.1.1 Berechnen der Geburtstagszahl

Der numerologische Wert des Geburtstags ist die Zahl (*nicht reduziert*) des Geburtstags. Wenn die Geburt vor 12.00.01 stattfand, sollten die Erläuterungen des vorherigen Tages, die auch gelten können, berücksichtigt werden.

Alexanders Geburtstag: **22**

6.1.2 Berechnen der Geburtszeit

Als Geburtszeit wird die *tatsächliche Ortszeit* verwendet. Falls erforderlich, werden eventuelle Verschiebungen aufgrund der Sommerzeit berücksichtigt. Wenn jemand zum Beispiel *am 29. Juni 1987 um 13.15 Uhr in Frankfurt* geboren wurde, erhält man die Geburtszeit, indem die durch die Sommerzeit entstandene Stunde Zeitdifferenz abgezogen wird, das heißt, die zur Berechnung verwendete Geburtszeit lautet 12.15 Uhr. Davon werden 36 Minuten abgezogen, um die „Wirkliche Ortszeit" („WOZ") zum Zeitpunkt der Geburt für Frankfurt zu erhalten. Die Berechnung lautet folgendermaßen: Frankfurt = **9**° östl. Länge (siehe Atlas). Pro Längengrad werden 4 Minuten gerechnet.

Frankfurt = **9** x 4 Min. = 36 Minuten

13.15 Uhr - 1 Stunde Zeitdifferenz (Sommerzeit) = 12.15 Uhr
12.15 Uhr - 36 Min. „WOZ"-Differenz = 11.39 Uhr = *Geburtszeit*

6.1.3 Berechnen der persönlichen Jahreszahlen

Der numerologische Wert der persönlichen Jahreszahl errechnet sich durch Addieren der numerologischen Werte des Geburts*tags*, des Geburts*monats* und des laufenden *Jahres*.

Alexanders Geburtsdatum: 22.02.1955
Seine persönliche Jahreszahl für 1955:

Tag	=	22
Monat	=	2
Jahr	=	1 + 9 + 5 + 5 = 20 = 2 + 0 = 2
Endwert:		22 + 2 + 2 = 26 = 2 + 6 = **8**

Seine persönliche Jahreszahl für 1993:

Tag	=	22	
Monat	=	2	
Jahr	=	1 + 9 + 9 + 3 = 22	
Endwert:		22 + 2 + 22 = 46 = 4 + 6	= **1**

6.1.4 Berechnen der persönlichen Monatszahlen

Diese Zahl erhält man durch Addieren der persönlichen Jahreszahl des jeweiligen Jahres und der Zahl des betreffenden Monats.

Alexanders *persönliche Monatszahl* für Juli 1993:
1 (persönliche Jahreszahl 1993) + 7 (Juli) = **8**

6.1.5 Berechnen der persönlichen Tageszahlen

Die persönliche Tageszahl erhält man durch Addieren der persönlichen Jahreszahl des jeweiligen Jahres und der Zahlen des betreffenden Kalendertages und -monats.

Alexanders *persönliche Tageszahl* für 1. Juli 1993:
1 (persönliche Jahreszahl 1993) + 1 (Tag) + 7 (Juli) = **9**

6.1.6 Berechnen der Geburtsortzahl

Die Geburtsortzahl erhält man durch Umrechnen des *Namens des jeweiligen Geburtorts* in einen numerologischen Wert.

K E M P T E N
11+5 + 4 + 7 + 2 + 5 + 5 = 39
Endwert: 39 = 3 + 9 = 12 = 1 + 2 = **3**

6.2 Bedeutung der Geburtszahlen

6.2.1 Bedeutung der Geburtstagszahlen

Die Geburtstagszahl gibt unter anderem Auskunft über die engeren Beziehungen eines Menschen. Wenn die Geburt vor 12.00.01 Uhr mittags (Ortszeit) stattfand, sind bei der Analyse auch die Eigenschaften des vorherigen Tages zu berücksichtigen.

Geburtstagszahl 1
Sie verfügen über sehr viel Kreativität und Erfindungsgabe. Ihre Ausdauer und Überzeugungskraft ist stark ausgeprägt. In Ihrem Wesen ist eine Spur von Dominanz, und Sie mögen es nicht, wenn Ihnen andere sagen, was Sie tun sollen und was nicht. Wenn irgendwo etwas passiert, sind Sie normalerweise dabei und übernehmen oft die Führungsrolle.

Geburtstagszahl 2
Sie sind sehr offen und ziehen meist das an, was Sie brauchen. Sie sind ein Sammlertyp und wollen zuviel festhalten. Ihrem Wesen nach sind Sie passiv und gehen schnell auf die Wünsche anderer ein. Sie lieben es, wenn man Sie mag, und sind für freundliche Worte oder Gesten sehr empfänglich. Der soziale Aspekt ist in Ihrem Leben von größter Bedeutung.

Geburtstagszahl 3
Sie sind Ihrem Wesen nach spontan und optimistisch. Dank Ihrer kreativen Vorstellungskraft besitzen Sie viele Talente, sind vielseitig begabt und können andere hervorragend imitieren oder durch Ihre lebendige Erzählweise porträtieren. Sie suchen die Gesellschaft anderer, denn Sie lieben es, mit Menschen zusammen zu sein. Ihre Vielseitigkeit kann zu Nervosität werden.

Geburtstagszahl 4
Sie bevorzugen Disziplin und Struktur. Es muß eine Ordnung da sein, oder Sie sorgen dafür, daß die Dinge geordnet werden. Sie sind von Natur aus ein bißchen steif, und man kann sich Ihnen manchmal nur schwer nähern. Sie können sehr

großherzig sein, doch geschieht dies oft aus Pflichtgefühl. Auch wollen Sie nicht immer einen großen Freundes- oder Bekanntenkreis haben.

Geburtstagszahl 5
Sie können leicht etwas annehmen, solange Sie dadurch nicht gelangweilt werden. Sie betrachten Schwierigkeiten als Herausforderung. Sie lieben solche Herausforderungen, denn Veränderung liegt in Ihrem Wesen. Alles Fremde und Unbekannte erweckt Ihr Interesse, und kommt es nicht zu Ihnen, dann suchen Sie es. Ihnen mangelt es oft an Ausdauer, und Sie sehen es als Zeit- und Energieverschwendung an, sich mit allem möglichen Kleinkram zu befassen.

Geburtstagszahl 6
Sie haben ein romantisches und idealistisches Wesen. Aufgrund Ihrer idealistischen Einstellung versuchen Sie, anderen zu sagen, wie Sie leben sollen. Sie brauchen ein „warmes Nest", das Ihnen die erforderliche Sicherheit gibt. Sie sind entgegenkommend und haben ein starkes Verantwortungsbewußtsein. Wenn Sie in einer disharmonischen Umgebung sind, bemühen Sie sich, Harmonie zu schaffen.

Geburtstagszahl 7
Sie haben ein ruhiges und friedliches Wesen. Sie erledigen Ihre Aufgaben gerne selbst und mögen es nicht, wenn Sie zu sehr beschäftigt sind. Sie schätzen besonders eine ruhige Diskussion mit unterhaltsamen Menschen. Sie haben Intuition, sind sensibel und analysieren gerne. Sie arbeiten basierend auf theoretischem Wissen. Für Sie ist es besonders wichtig, intensive Studien auf einem Spezialgebiet zu betreiben. Ideen anderer, die nicht mit Ihrer eigenen Meinung übereinstimmen, können Sie nur schwer akzeptieren.

Geburtstagszahl 8
Geld und Besitz spielen im Ihrem Leben eine große Rolle. Besonders schätzen Sie Ansehen und Komfort. Sie sind kreativ, besitzen Vorstellungskraft und haben ein angeborenes Organisationstalent. Sie wollen alles haben und versuchen, aus allem möglichst viel Nutzen zu ziehen. Im allgemeinen sind Sie ehr-

lich und geradeheraus und übergehen gerne Bagatellen. Ihr Wissen erhalten Sie aus der Praxis.

Geburtstagszahl 9
Sie sind idealistisch und künstlerisch begabt. Ihr Handeln zeugt von einer toleranten Einstellung. Das Gesamtbild ist für Sie wichtiger als die Einzelheiten. Durch Ihre Aufgeschlossenheit haben Sie für alles Verständnis, was lebt, sei es für Erwachsene, Kinder, Tiere und Natur. Da Sie aber nicht auf Details achten, kann es vorkommen, daß Sie Wichtiges übersehen (in der Familie, bei nahen Freunden und Bekannten).

Geburtstagszahl 10
Sie sind ein bißchen ruhelos, da Sie ständig nach etwas Neuem suchen. Sie können besonders gut für sich selbst sorgen. Durch Ihre Unruhe und Ihre Kreativität können Sie beste Ergebnisse in materiellen Angelegenheiten wie Geld und Besitz erlangen.

Geburtstagszahl 11
Sie erwecken den Eindruck, als ob Sie mit einem Fuß in der Wirklichkeit und mit dem anderen in der Unwirklichkeit stehen. Dies macht Sie zu einem Träumer und unterstützt besonders Ihre Unentschlossenheit. Sie haben gute Ideen, Vorahnungen und besitzen viel Energie, die manchmal zu Nervosität führen kann. Wenn Sie mit Geld und Besitz geschickt umzugehen verstehen, können Sie gute Ergebnisse erzielen.

Geburtstagszahl 12
Sie besitzen die positiven Eigenschaften eines Friedensstifters und eines Fürsprechers, haben Organisationstalent und übernehmen, speziell in Gruppen, gerne die Führungsrolle. Besonders empfänglich sind Sie für äußere Eindrücke und sollten sich deshalb möglichst aktiv und kreativ auszudrücken. In Ihren Beziehungen sind Sie in bezug auf den emotionalen Bereich vielseitig, aber im allgemeinen etwas oberflächlich.

Geburtstagszahl 13
Sie wollen eine solide Basis für Ihre Aktivitäten, und man kann Sie in diesem Bereich als konservativ bezeichnen. Ihre kreative

Seite kann jedoch nicht unterdrückt werden. Dies führt immer wieder zu inneren Konflikten, so daß Ihre Stimmung ständig wechselt. Sie können sich sehr gut konzentrieren, auch wenn sich andere in Ihrer Nähe aufhalten.

Geburtstagszahl 14

Persönliche Freiheit hat für Sie einen hohen Stellenwert, obwohl Ihnen sehr viel an Regeln und Disziplin liegt. Sie lieben Veränderungen und betrachten sie meist als Herausforderung. Sie lernen mit Begeisterung und schätzen das Neue. Ihrem Wesen nach sind Sie spontan, unternehmungslustig, kreativ, und Sie stehen vor allem zu Ihrer Überzeugung, die meist auf eigenen Erfahrungen beruht.

Geburtstagszahl 15

Sie nehmen gerne Risiken auf sich, und es gelingt Ihnen immer wieder, in problematischen Situationen einen Ausweg zu finden. Menschen in Ihrer häuslichen Umgebung und in Ihrem Freundeskreis liegen Ihnen besonders am Herzen. Hinsichtlich dieser Menschen sind Sie von Natur aus konservativ, fürsorglich und beschützend. In anderen Dingen lieben Sie Abwechslungen, die das eintönige, routinemäßige Leben unterbrechen. Sie sind erfinderisch und musikalisch begabt.

Geburtstagszahl 16

Sie sind schon zufrieden, wenn Sie wissen, daß andere an Ihnen interessiert sind, und Sie sind gerne Teil einer Familie oder gehören einem Freundeskreis an, wollen aber keine aktive Rolle darin spielen. Sie ziehen es vor, die Dinge aus der Entfernung zu betrachten. Sie beobachten, erkennen, entwirren, kombinieren und verstehen schließlich. Die inneren Werte eines Menschen sind für Sie wichtiger als das Äußere. Sie besitzen Führungsqualitäten.

Geburtstagszahl 17

Sie sind technisch begabt, was sich sowohl in Ihrem Denken als auch in Ihren Aktivitäten zeigt. Sie lieben es, die Dinge mit dem Kopf und den Händen zu entwirren, um sie anschließend wieder perfekt zusammenzusetzen. Sie arbeiten gerne selbständig und haben eine geschäftsmäßige Einstellung.

Geburtstagszahl 18
Sie halten selbständiges Handeln für etwas sehr Wichtiges, sind jedoch selbst sehr anhänglich. Am liebsten wäre es Ihnen, wenn jedermann Ihrer Meinung wäre, Sie sympathisch fände und Ihnen zuhörte. Ihrem Wesen nach sind Sie romantisch und idealistisch und versuchen, dies auch in Ihren Beziehungen zu leben. Wenn das nicht möglich ist, sind Sie enttäuscht und haben das Gefühl, daß Ihr Partner Sie nicht mehr liebt. Manchmal können Sie sehr aktiv und kreativ sein.

Geburtstagszahl 19
Sie sind sehr idealistisch. Sie finden es nicht gut, wenn andere nicht Ihrer Meinung sind, aber Sie machen sich deshalb auch keine allzu großen Sorgen. Wenn andere Sie Ihrer Ideale wegen ablehnen, bemühen Sie sich, deren Auffassung zu verstehen, und sind auch bereit, die Dinge von einem anderen Standpunkt aus zu betrachten. Sie erscheinen zeitweise distanzierter und dann wieder sehr herzlich und wechseln häufig zwischen Gleichgültigkeit und Betroffenheit.

Geburtstagszahl 20
Sie sind sehr unselbständig, besonders empfänglich für die Gefühle anderer und zeigen, daß Sie sie verstehen. Sie reagieren sehr feinfühlig auf Töne und Geräusche. Wenn Sie allein sind, sind Sie unglücklich und ziehen es vor, zusammen mit anderen zu arbeiten. In solch einer Gruppe können Sie gut motivieren. Aufgrund Ihrer starken Empfindlichkeit können Sie Stimmungsschwankungen unterliegen.

Geburtstagszahl 21
Sie ziehen andere an, die Ihnen entsprechen. Ihrem Wesen nach sind Sie sensibel und nervös. Sie können sich durch Sprache sowohl mündlich als auch schriftlich sehr gut ausdrücken und haben ein Gespür für Töne. Da Sie im allgemeinen offen sind, fällt es Ihnen oft schwer, persönliche Abneigungen zu verbergen. Sie besitzen eine starke Vorstellungskraft, die aber oft wegen unbegründeter Minderwertigkeitsgefühle Angst- und Eifersuchtsgefühle weckt.

Geburtstagszahl 22
Bei Ihnen sind die Emotionen stark ausgeprägt. Sie besitzen starke Intuition und können sich auf Ihren ersten Eindruck verlassen. Struktur und Ordnung zu schaffen ist für Sie bei allem, was Sie tun, sehr wichtig, jedoch geraten Sie durch intellektuelles Argumentieren oft in Konflikt mit sich selbst. Ihre Gefühle sind für andere nicht immer so einfach zu verstehen, wie Sie es gerne hätten. Sie besitzen enorm viel Energie, die jedoch zu Nervosität und Empfindsamkeit führen kann, und Sie haben die Fähigkeit, Ihre Ideale zu verwirklichen.

Geburtstagszahl 23
Sie lieben es, mit anderen zusammen zu sein, mit ihnen Spaß zu haben und gelegentlich mit ihnen zusammenzuarbeiten. Sie ziehen Probleme an, da Sie es lieben, Lösungen dafür zu finden. Sie halten es für wichtig, daß man sich dabei gegenseitig unterstützt, so daß nicht einer allein dasteht, sondern die Verantwortung auf mehrere Schultern verteilt ist. Sie sind technisch begabt, und sowohl Ihre intellektuellen als auch Ihre emotionalen Seiten sind gut entwickelt. Sie lieben alles Schöne, was Ihnen das Leben zu bieten hat.

Geburtstagszahl 24
Sie lieben Ihre häusliche Umgebung und sind herzlich und voller Energie, die Sie auf sehr kreative Weise auszudrücken verstehen. Je mehr Sie zu tun haben, um so glücklicher sind Sie. Was Sie begonnen haben, beenden Sie im allgemeinen auch. Sie lieben den Umgang mit anderen und sind gerne in Gesellschaft. Es gibt Momente, in denen Sie sich aufgrund von Zweifeln und Eifersucht wegen nichts aufregen und die Dinge schlimmer aussehen, als sie sind.

Geburtstagszahl 25
Ganz gleich, womit Sie sich beschäftigen, Sie können ein Spezialist in diesem Bereich werden. Sie interessieren sich speziell für technische und philosophische Gebiete und besitzen eine starke intuitive Beobachtungsgabe. Da Sie ein bißchen lässig sein können, berührt Sie ihre Umgebung oft nicht. Sie sind lieber geistig als körperlich aktiv. Ihre Gefühle zeigen Sie nicht so leicht, und Sie haben eine Neigung zu Kunst und Musik.

Geburtstagszahl 26
Sie sind sensibel, gefühlvoll und kreativ. Sie neigen bewußt dazu, gegenwärtige und zukünftige Entscheidungen anhand von Erfahrungen in der Vergangenheit zu fällen. Meist nehmen Sie eine abwartende, manchmal zögernde Haltung anderen gegenüber ein. Da Sie ziemlich spontan reagieren, geben Sie anderen sehr viel von sich, auch denen, die es nicht verdienen. Man kann Sie zur Zusammenarbeit überreden, solange Sie die führende Person sein können. Aufgrund von Minderwertigkeitskomplexen können Sie in allen Bereichen unter Eifersuchtsgefühlen leiden, die sich erst dann auflösen, wenn Sie die Ursachen verstehen.

Geburtstagszahl 27
Ruhe und Ausgeglichenheit sind zwei Eigenschaften, die Ihnen sehr wichtig sind. Extrem aktive Leute machen auf Sie keinen besonderen Eindruck. Sie sind gerne mit anderen zusammen, solange Ihre Ruhe und Harmonie nicht gestört wird. Sie haben die Fähigkeit, sich auch gefühlsmäßig mit einem Gebiet besonders eingehend und intensiv auseinanderzusetzen. Ihrer Meinung nach ist es für jeden am besten, wenn er die Lösung für seine Probleme selbst sucht. Sie setzen Ihre eigenen Vorstellungen langsam, aber wohlüberlegt durch.

Geburtstagszahl 28
Sie haben tolerante Ansichten. Ausdauer und Zielstrebigkeit sind zwei wichtige Facetten Ihres Charakters. Sie mögen es nicht, wenn man Sie selbst oder Ihre Ideen in irgendeiner Form festlegen will, weil das Ihre Identität in Frage stellen könnte. Sie sind gefühlvoll und haben oft Vorahnungen. Wenn diese Seite zu stark ist, kann es sein, daß Sie sich in Tagträumen verlieren und „aus einer Mücke einen Elefanten machen". Dies kann sich negativ auf Ihre Kreativität und Aktivitäten auswirken.

Geburtstagszahl 29
Die hohe Sensibilität führt bei Ihnen oft zu Spannungen, und so können Sie einmal himmelhoch jauchzend und das andere Mal zu Tode betrübt sein. Es gibt nur wenige, die mit diesen wechselnden Stimmungen umgehen können. Sie handeln lieber

spontan als überlegt und haben gegenüber anderen sehr unterschiedliche Gefühle von Sympathie und Ablehnung. Sie brauchen eine häusliche und herzliche Umgebung und lieben es, von schönen Dingen umgeben zu sein.

Geburtstagszahl 30
Sie lieben den Kontakt mit anderen und freuen sich, wenn man Ihnen Komplimente macht. Im allgemeinen sind Sie freundlich und optimistisch und können über alle möglichen Themen sprechen, obwohl Sie oft nicht einmal Bescheid darüber wissen. Verantwortung für Ihr Handeln zu übernehmen fällt Ihnen oft schwer. Sie haben Phantasie und besitzen sehr viel Energie, die sich in Müdigkeit und Gleichgültigkeit umkehren kann, wenn sie vergeudet wird.

Geburtstagszahl 31
Sie haben ein tiefes Verständnis für die verschiedensten Themen und besitzen eine künstlerische und kreative Art, sind gerne in Gesellschaft und erholen sich meist am besten zu Hause, bei Musik oder in der Natur. Sie können sich gut ausdrücken, besonders in schriftlicher Form, und verleihen dadurch Ihren phantastischen Ideen Ausdruck, die oftmals zu kompliziert sind, um Realität zu sein. Aufgrund Ihrer großen Energie wird Ihre Konzentrationsfähigkeit von Zeit zu Zeit beeinträchtigt.

6.2.2 Bedeutung der persönlichen Jahreszahlen

Die persönliche Jahreszahl gibt Auskunft darüber, welche Einflüsse in diesem Jahr für den Betreffenden wirksam sind und für welche *Aktivitäten und Unternehmungen* das Jahr besonders günstig ist. Wenn die Tendenzen berücksichtigt werden, verläuft das Jahr ohne besondere Schwierigkeiten. Besonders sollte man auf die jeweiligen Übergangszahlen achten! Stimmen die Merkmale der persönlichen Jahreszahl mit denen der Übergangszahl überein, können zusätzliche Probleme auftreten. Außerdem sollten die Einflüsse der persönlichen Jahreszahl und die der persönlichen Monats- und Tageszahl verglichen werden.

Persönliche Jahreszahl 1

Ein Jahr für einen Neubeginn. Das erste Jahr eines Neuner-Zyklus! Alles, was Sie in diesem Jahr beginnen, hat gute Chancen, erfolgreich zu verlaufen, und wirkt sich auf die folgenden neun Jahre aus. Die Ansichten, die Sie jetzt vertreten, sind zum größten Teil das Ergebnis von Erfahrungen aus dem letzten Neun-Jahres-Zyklus, und Sie sollten so gut wie möglich mit einigen wenigen Ausnahmen an Ihren Überzeugungen festhalten.

Persönliche Jahreszahl 2

Dies ist speziell ein Jahr der Anerkennung und der Zusammenarbeit. Die neuen Ideen, deren Anfänge im letzten Jahr liegen, nehmen in diesem Jahr klare und sichtbare Formen an. Wenn sich diese neuen Elemente mit den bereits vorhandenen vermischen, können zum Teil angenehme Gefühle, aber auch solche der Unsicherheit entstehen. Hinsichtlich der Zusammenarbeit mit anderen sind soziale Kontakte in diesem Jahr besonders wichtig. Geduld und Ausdauer tragen dazu bei, befriedigende Ergebnisse zu erzielen.

Persönliche Jahreszahl 3

Ein Jahr, in dem Sie sich auf viele Arten, besonders durch die Sprache, ausdrücken können und sich verstärkt nach außen wenden. Im allgemeinen ist es ein angenehmes und energievolles Jahr. Es ist besonders darauf zu achten, daß genügend Aktivitäten ausgeführt werden, in denen Sie Ihre Energien verbrauchen können. Sie sollten in dieser Zeit keine zusätzlichen Verpflichtungen auf sich nehmen. In diesem Jahr werden sich im Bereich des Ausdrucks neue Ideen entwickeln und fruchten.

Persönliche Jahreszahl 4

Dies ist ein produktives Jahr, speziell für Geschäftsbeziehungen oder Unternehmungen. Jetzt wird die Basis für zukünftige Erfolge gelegt. Es ist die richtige Zeit zum Planen und Organisieren; außerdem wird sehr viel Ausdauer und Kreativität gefordert. Ihre Aufmerksamkeit ist vor allem auf Ihr Denken und die Umsetzung Ihrer Ideen gerichtet. Es kann jedoch sein, daß diese Seite zu stark betont und dadurch die innere Stimme überhört wird. Sie sollten sowohl Ihre eigenen Bedürfnisse als auch die der anderen berücksichtigen.

Persönliche Jahreszahl 5

Ein Jahr der Abwechslung und Vielseitigkeit, das sich besonders für Umzug oder Berufswechsel eignet. Es ist ein gutes Jahr für Reisen, neue Begegnungen und neue Erfahrungen. Mit einigen wenigen Ausnahmen sind diese jedoch nicht langanhaltend. Große Verpflichtungen sollten Sie in dieser Zeit nicht übernehmen. Dieses Jahr ist günstig, um dem körperlichen Wohlbefinden besondere Aufmerksamkeit zu widmen.

Persönliche Jahreszahl 6

Dieses Jahr ist durch eine häusliche und herzliche Atmosphäre geprägt, und Ihr Bedürfnis danach ist besonders groß. Möglicherweise konzentrieren Sie sich auf das Familienleben. Verständnis und gutes Unterscheidungsvermögen hinsichtlich Menschen und Situationen Ihrer Umgebung sind in dieser Zeit gefordert. Wenn Sie anderen Wärme und Aufmerksamkeit schenken, erhalten Sie dies zurück, vielleicht nicht genau von der Person, der Sie es gegeben haben.

Persönliche Jahreszahl 7

Sie sollten für alles offen sein, was in diesem Jahr auf Sie zukommt. Diese Zeit eignet sich sehr gut, um Ausgeglichenheit zu erlangen und Studien durchzuführen. Besonders wichtig ist es, über gesammelte Erfahrungen intensiv nachzudenken. Bisher leicht verschwommene Aspekte werden geklärt, und oft wird in scheinbar hoffnungslosen Situationen ein Sinn erkennbar, so daß sie einen neuen Reiz bekommen. Sie finden ein neues Gleichgewicht und ändern Ihr Leben, was nach außen fast nicht sichtbar wird. In diesem Jahr sollten Sie sich verstärkt auf Ihre Intuition verlassen.

Persönliche Jahreszahl 8

Dieses Jahr hat einen sehr geschäftsmäßigen Charakter, und dabei spielen Geld, soziales Ansehen und gesellschaftlicher Status eine sehr wichtige Rolle. Sie sollten die bereits gesammelten Erfahrungen und Kenntnisse über den menschlichen Charakter nutzen. Sie können es in dieser Zeit wirklich zu etwas bringen. Dieses Jahr eignet sich dazu, die verschiedensten Dinge zu organisieren, Ideen vom letzten Jahr zu verwirklichen und Aufgaben zu delegieren. Besonders zu beachten sind die Finanzen. Wenn Sie Ihre finanzielle Situation verbessern wollen, ist dieses Jahr der günstigste Zeitpunkt für Ihr Vorhaben.

Persönliche Jahreszahl 9

In diesem Jahr werden viele Dinge abgeschlossen. Kontakte zu Freunden und Bekannten werden oft etwas lockerer oder brechen völlig ab. Sie bereiten sich in dieser Zeit (oft unbewußt) auf den kommenden Neuner-Zyklus vor, der nun bald anfängt. Eigenschaften wie Sentimentalität tauchen auf, und alte Erinnerungen können zu Gefühlsausbrüchen führen. Dies alles steht im Zusammenhang mit der Bewältigung und Auflösung von Gefühlen wie Liebe, Haß, Abhängigkeit und Schuld, die aus Erfahrungen der vergangenen Jahre stammen. Diese Emotionen können sich vielleicht auch noch auf das nächste Jahr auswirken.

Persönliche Jahreszahl 11

Sie werden in diesem Jahr über sehr viel Energie verfügen. Welche Ergebnisse erreicht werden, hängt von Ihnen selbst und der Verwendung dieser Energie ab. Auf jeden Fall brauchen Sie ein gutes Betätigungsfeld, damit weder Müdigkeit noch Nervosität aufkommen, und Sie müssen die Möglichkeit haben, sich auszudrücken und auf kreative Weise aktiv zu werden. In diesem Jahr werden Sie mehr Menschen als bisher anziehen, und Ihre Aufmerksamkeit wird verstärkt auf die Bereiche der Intuition und der Emotionen gerichtet sein. Dies kann Ihnen helfen, die gewünschten Ergebnisse sowohl in materiellen als auch spirituellen Angelegenheiten zu erreichen. Sie werden ein bißchen „schwimmen", aber im Prinzip sind Ihre Ideale ziemlich gut durchführbar. Es wird Gelegenheiten geben, in denen nach einer Periode großer Unentschlossenheit übereilt Entscheidungen getroffen werden.

Persönliche Jahreszahl 22

Ein Jahr, geladen mit Energie. Sie müssen jedoch darauf achten, diese auch wirklich zu nutzen. Wenn das nicht der Fall ist oder wenn Sie diese Energie nicht einsetzen können, werden Sie höchstwahrscheinlich unter Nervosität und Müdigkeit leiden. Jetzt kann die körperliche Verfassung, besonders das Immunsystem, erheblich verbessert und gestärkt werden. Ihre hohen Ideale können in der Zusammenarbeit mit anderen verwirklicht werden. Sie können viele produktive Dinge erreichen – vor allem, wenn Sie sich auf Ihre Intuition verlassen. Ein hervorragendes Jahr zur Verbesserung Ihrer Arbeitsbedingungen. Außerdem bestehen sehr gute Chancen für eine erneute (erstmalige) Anerkennung Ihrer Leistungen. In dieser Periode Details besonders beachten.

Persönliche Jahreszahl 33
Speziell dieses Jahr ist voller Kreativität und Energie. Hier spielen insbesondere Ihre eigene Jugend und die damit verbundenen Erfahrungen eine sehr wichtige Rolle. Dieses Jahr ist vor allem günstig, um die Initiative für eine Versöhnung zu ergreifen. Es ist eine Periode der Emotionen, in denen Gefühle wie Neid, Eifersucht, Bitterkeit, Haß, übertriebene Ängste und nicht angebrachtes Mitleid die Oberhand gewinnen können, weil Sie die Ihnen zur Verfügung stehende starke Energie nicht klug einsetzen. Dadurch können spirituelle und körperliche Müdigkeit und Nervosität entstehen. Wenn Sie jedoch auf die angenehme und gesellige Seite des Lebens größeren Wert legen, verstärkt den Umgang mit freundlichen und liebenswerten Menschen pflegen und sich künstlerischen und kreativen Aufgaben widmen, kann dadurch ein Gleichgewicht geschaffen werden, und Sie können zu mehr innerer Ausgeglichenheit finden. In diesem Jahr sollten Sie sich besonders dem Schreiben von Prosa oder Gedichten, Malen und Besuchen von Museen oder ähnlichem widmen.

6.2.3 Bedeutung der persönlichen Monatszahlen

Die persönliche Monatszahl wirkt sich vor allem auf das *Gemüt eines Menschen* aus. Aus den Merkmalen eines Monats sind die Aktivitäten ersichtlich, für die diese Periode besonders günstig ist. Die Monatszahl ist mit der persönlichen Jahreszahl, der persönlichen Tageszahl und speziell den Übergangszahlen zu vergleichen. Wenn die Übergangszahl und die persönliche Monatszahl übereinstimmen, handelt es sich um einen günstigen Monat, in dem man auch auf die Übergangszahl achten sollte.

Persönliche Monatszahl 1

In diesem Monat bringen viele der persönlichen Initiativen Erfolg. Sie haben in dieser Periode zahlreiche neue Ideen, die Sie gerne verwirklichen wollen, und müssen mehr Organisationstalent und Führungseigenschaften als in den vergangenen 9 Monaten zeigen. Es ist gut, wenn Sie zu Ihrer eigenen Überzeugung stehen – zumindest solange, bis jemand das Gegenteil als richtig beweist. Wenn dies der Fall ist, sollten Sie für die Meinung der anderen offen sein.

Persönliche Monatszahl 2

In diesem Monat steht die Zusammenarbeit mit anderen mehr als bisher im Mittelpunkt. Sie werden um Unterstützung gebeten und bei Konfliktsituationen vielleicht auch um Ihre Meinung. Mehr als bisher brauchen Sie den anderen als Gegenüber. Sie sind aufgrund Ihrer Sensibilität in dieser Periode leicht verletzbar, vor allem weil Sie sehr schnell die Gefühle anderer aufnehmen. Ein Monat, der sich hervorragend zum Entspannen mit Musik eignet.

Persönliche Monatszahl 3

In diesem Monat sollten Sie mehr auf die sozialen Kontakte achten. Sie brauchen jetzt Freundlichkeit und Geselligkeit, und Sie zeigen mehr Kreativität als in vorherigen Monaten. Gemeint ist hier Kreativität, die sich durch Sprache im Schreiben von Gedichten oder Prosa ausdrückt. In dieser Periode steht Ihnen sehr viel Energie zur Verfügung. Es ist wichtig, Betätigungsbereiche für diese Energie zu finden, da sie andernfalls in Ruhelosigkeit oder Nervosität umschlagen kann. Die Natur ist ein guter Ort zum Entspannen. In diesem Monat können starke Eifersuchts- und Minderwertigkeitsgefühle auftreten.

Persönliche Monatszahl 4

Dieser Monat eignet sich zum Erledigen der verschiedensten kleinen Aufgaben, die bisher noch nicht erledigt wurden und endlich abgeschlossen werden sollen. Es kann sein, daß Sie in dieser Periode Ihren Körper vernachlässigen und mehr mit Ihrem Denken beschäftigt sind. Auch sollten die sozialen Kontakte nicht zu stark beachtet werden; jedoch brauchen enge Beziehungen, speziell im Familienkreis oder im engsten Freundeskreis, mehr Beachtung als in anderen Monaten.

Persönliche Monatszahl 5

Dieser Monat befindet sich in der Mitte einer neunmonatigen Periode und unterstützt das „Sich-Behauptende" und „Rebellierende" in Ihnen. Auffallend ist, daß Sie oft das Bedürfnis haben, mehr als gewöhnlich hinauszugehen, gut und gesund zu essen und etwas vollkommen anderes als normalerweise zu tun, was Ihnen leicht Angst machen kann. Wenn Sie jedoch realistische Grenzen dabei einhalten, werden sich diese Erfahrungen wahrscheinlich positiv auswirken. Die Zeit ist günstig, um Ihre Lebenseinstellung zu überprüfen und gegebenenfalls zu ändern.

Persönliche Monatszahl 6

Dieser Monat ist sehr günstig, um der familiären Umgebung mehr Aufmerksamkeit zu widmen. Auch wird es Ihnen gelingen, überall dort, wo es erforderlich ist, harmonische Bedingungen zu schaffen. Ihr besonderes Interesse gilt Kindern, Tieren und bestimmten Menschen, für die Sie auch sehr offen sind. Dadurch wird Ihre allgemeine Einstellung erweitert, und Sie können besser als bisher direkte Hilfe anbieten, wenn Sie darum gebeten werden. Da in dieser Periode der Dienst am Nächsten besonders betont wird, neigen Sie dazu, Ihre Hilfe auch ungefragt anzubieten, was nicht von jedem dankbar angenommen wird. Gefühle von Neid und Eifersucht können Ihnen zu schaffen machen.

Persönliche Monatszahl 7

In diesem Monat können Sie sich zurücklehnen und alles in Ruhe betrachten. Es ist besonders gut, wenn Sie sich mehr

Zeit für sich selbst nehmen. Von Zeit zu Zeit haben Sie auch das Bedürfnis, sich zurückzuziehen. Möglicherweise fühlen Sie sich ein bißchen ängstlich und völlig niedergeschlagen, ohne genau zu wissen warum. Diese Zeit eignet sich auf jeden Fall dafür, die Dinge im richtigen Verhältnis zu sehen und verstärkt an Diskussionen teilzunehmen sowie die eigene Sichtweise erneut zu überdenken.

Persönliche Monatszahl 8

Sie können jetzt Ihre Kreativität entfalten und zeigen, zu was Sie fähig sind. Im Gegensatz zum vorherigen Monat haben Sie verstärkt den Antrieb, aktiv und tätig zu sein. Man wird sicher wieder auf Sie zurückgreifen, wenn es um Organisations- und Führungsaufgaben geht. Während dieser Periode sollten Sie sich nicht zu sehr vom Äußeren beeinflussen lassen und sich nicht selbst als etwas darstellen, was Sie nicht sind. Geld und Besitz sind in diesem Monat, der sich besonders zur Überprüfung Ihrer Finanzen eignet, von größerer Wichtigkeit als bisher.

Persönliche Monatszahl 9

In diesem Monat können alte Angelegenheiten bearbeitet werden, so daß Platz für Neues geschaffen wird. Sind wehmütige Gefühle vorhanden? Die Sensibilität in diesem Monat macht Sie verletzlich, wenn Sie auf andere zugehen. Sie mögen es für erforderlich halten, bestimmte Kontakte abzubrechen, auch wenn es nicht leicht ist. Es kann dann allerdings auch passieren, daß andere sich verletzt von Ihnen abwenden. Jedoch kann auch genau das Gegenteil zutreffen. In diesem Monat brauchen Sie mehr als gewöhnlich die Achtung und Sympathie der anderen, und Sie sollten in irgendeiner Weise mit Ihrer Sensibilität umgehen, sei es, daß Sie sich kreativ ausdrücken, mit Künstlern zusammentreffen oder sich in künstlerischer Umgebung aufhalten. Möglicherweise gehen Sie sich selbst mit Eifersucht und Minderwertigkeitsgefühlen auf die Nerven.

Persönliche Monatszahl 11

Ihre Intuition ist in diesem Monat besonders stark. Ihre Ideen lassen sich nicht so leicht verwirklichen; dies wird jedoch in den kommenden Monaten geschehen. Möglicherweise fühlen

Sie sich ruhelos und nervös, und Sie sollten die Energie, die Ihnen im 11er-Monat zur Verfügung steht, in irgendeiner Form sinnvoll nutzen. Da Sie mit einem Fuß in der realen und mit dem anderen Fuß in der nicht-realen Welt stehen, fühlen Sie sich oft unsicher und sind unentschlossen. Sie können Ihre Ideen und Gefühle aufschreiben, um sie im nächsten Monat nochmals zu überdenken, wenn Sie sich friedlicher fühlen. Später werden diese Ideen Früchte tragen.

Persönliche Monatszahl 22

Ideen, die im 11er-Monat aufgetaucht sind, können Sie in einem 22er-Monat umsetzen. Dies ist eine sehr energievolle Zeit. Sie sollten versuchen, mit dieser Energie etwas Produktives anzufangen. In diesem Monat können die Emotionen sehr wechselhaft sein. Für die Zusammenarbeit mit anderen ist diese Zeit gut geeignet. Zu Hause und/oder am Arbeitsplatz wird die Aufmerksamkeit besonders von Details in Anspruch genommen. Dieser Monat ist ideal, um die Bindungen zu den Menschen zu intensivieren, mit denen Sie bereits guten Kontakt haben. Es ist eine Zeit, in der Sie für die Gefühle anderer sehr offen sind und sie leicht übernehmen, was zu Nervosität, Müdigkeit und Verletztsein führen kann. Wenn Sie sich intensiv und konzentriert betätigen, können solche Einflüsse ausgeglichen werden.

Persönliche Monatszahl 33

Dies ist ein Monat mit sehr viel Energie. Hier müssen Sie alles Mögliche versuchen, um diese Energie irgendwie einzusetzen, damit nicht Nervosität und Müdigkeit entsteht. Eine Zeit, in der Sie im kreativen Bereich möglichst aktiv sein sollten. Es ist besonders gut, wenn Sie hinausgehen und ein Museum, Konzert oder Pop-Konzert besuchen oder in der freien Natur, im Wald oder an einem Fluß spazierengehen. Für alle diese Aktivitäten eignet sich dieser Monat ganz besonders. Auch Ihre Fürsorge und Ihr Rat wird jetzt sehr geschätzt. Mit Kindern und Tieren zusammenzusein oder sich mit Künstlern zu treffen ist eine echte Entspannung. Achten Sie darauf, nicht unaufgefordert Ratschläge zu erteilen; sie sind nicht immer erwünscht. In dieser Zeit können Sie starke Gefühle von Neid und Eifersucht haben.

6.2.4 Bedeutung der persönlichen Tageszahlen

Aus der persönlichen Tageszahl ist im einzelnen ersichtlich, für welche Aktivitäten dieser Tag besonders geeignet ist. Diese Zahl muß mit den persönlichen Jahres- und Monatszahlen sowie mit den Übergangszahlen verglichen werden, und man sollte versuchen, die Einflüsse bestmöglich zu nutzen. Stimmen die Tageszahl und eine der Übergangszahlen überein, dann muß an diesem Tag den verschiedenen Aspekten dieser Zahl besonders viel Aufmerksamkeit gewidmet werden.

Persönliche Tageszahl 1

An diesem Tag können Sie alles mit frischem Mut erneut anpacken und Lösungen finden. Ein Tag für neue kreative Ideen und ein Tag zum Aufblähen des Egos! Sie sollten daran denken, daß nicht jedermann von Ihren Ideen begeistert sein wird. Die Reaktionen der anderen könnten Sie entmutigen und enttäuschen. An diesem Tag sollten Sie mehr Verantwortung übernehmen, Sie brauchen jedoch nicht anders zu handeln, als es Ihnen entspricht. Besonders wichtig ist es, zu sich selbst zu stehen.

Persönliche Tageszahl 2

An diesem Tag ist Ihre Sensibilität besonders stark ausgeprägt, und Sie sollten sich ein bißchen mit Musik beschäftigen oder zumindest entspannt Musik hören, vorzugsweise zusammen mit anderen. Heute können Sie kleinere Ärgernisse aus der Welt räumen. Es kann sein, daß Sie leicht Stimmungen unterworfen sind. Wenn Sie an diesem Tag Ihren Beruf ausüben müssen, dann ist dies der richtige Zeitpunkt, um das Gleichgewicht in unausgewogenen Situationen wiederherzustellen.

Persönliche Tageszahl 3

An diesem Tag sollten Sie nicht drinnen bleiben, sondern statt dessen hinausgehen und draußen in der freien Natur einen schönen Spaziergang machen. Oder mit Kollegen, Freunden und/ oder Bekannten ein nettes Schwätzchen halten. Dieser Tag eignet sich hervorragend, um auf irgendeine Weise kreativ zu sein, sei es mit Schreiben, Tanzen, Malen, Musik und so weiter. Wenn

Sie heute beruflich tätig sind, sollte auch hier die kreative Seite Vorrang haben. Dieser Tag ist nicht so günstig, um sich auf die Arbeit zu konzentrieren oder um viel Verantwortung zu übernehmen.

Persönliche Tageszahl 4
An diesem Tag sollten Sie mit Ihrer Arbeit so richtig loslegen. Die verschiedensten kleineren Aufgaben, die schon lange erledigt werden sollten, können heute abgeschlossen werden, speziell detaillierte Arbeiten. Möglicherweise regen Sie sich heute über alle Nebensächlichkeiten auf und können es gar nicht ausstehen, wenn Ihnen jemand etwas vorjammert, denn in Wirklichkeit würden Sie das selbst am liebsten tun!

Persönliche Tageszahl 5
Ein guter Tag, um nach draußen zu gehen! Sie sollten heute keine zusätzliche Arbeit übernehmen, sondern das, was zu tun ist, erledigen und den Rest von anderen machen lassen oder – wenn möglich – bis morgen liegenlassen. Heute kommen viele unbewußte Wünsche an die Oberfläche, sogar ein Wunsch, der ein Gefühl von Unzufriedenheit hervorruft. Dieser Tag eignet sich dazu, sich wieder einmal verstärkt um den Körper zu kümmern.

Persönliche Tageszahl 6
Ein idealer Tag, um sich eine angenehme und gemütliche Umgebung zu schaffen, ganz gleich, wo man sich befindet! Ein Tag, um andere auf ein Podest zu heben (sich selbst dabei nicht vergessen!). Wenn Konflikte vorliegen, können heute Lösungen gefunden werden. Dieser Tag ist günstig, um den Bindungen an die Umgebung, das Zuhause, die Arbeit, die Familienmitglieder und/oder nahe Freunde mehr Aufmerksamkeit zu widmen.

Persönliche Tageszahl 7
Ein Supertag! Solch einen Tag sollten Sie für sich ganz allein nutzen können. Doch leider ist dies nicht immer möglich. Nun gut, wenigstens sollten Sie in einem Buch schmökern, hinaus ins Freie gehen oder sich eine Weile zurückziehen, um sich

von den kleinen Querelen dieser Welt zu erholen, und mit sich allein sein oder Zeit für innere Einkehr haben, so daß Sie die Dinge wieder klarer sehen können. Dies gilt auch für Ihre Arbeit. Sie sollten versuchen, möglichst viele Aufgaben selbst auszuführen.

Persönliche Tageszahl 8
Sie könnten heute einiges von der Energie brauchen, die Ihnen gestern zur Verfügung stand. Existiert da noch ein großer Plan in Ihrem Kopf? Prima, aber heute müssen Sie etwas damit *machen*, wie zum Beispiel organisieren und die Führung übernehmen (dazu eignet sich der heutige Tag). Der dominierende Teil (der sich bei jedem von Zeit zu Zeit zeigt) ist heute besonders ausgeprägt. Dieser Tag ist günstig, um Ihre Finanzen gründlich zu überdenken.

Persönliche Tageszahl 9
Heute ist der richtige Tag, um sich zum Beispiel in eine Mansarde zurückzuziehen! Dies ist sowohl wörtlich als auch im übertragenen Sinne gemeint. Erinnerungen oder Ereignisse aus der Vergangenheit können jetzt auftauchen, und heute können Sie sie verarbeiten. Sie können mit sich selbst ein bißchen Mitleid haben und sich phantastisch fühlen, weil Sie sich selbst erkannt haben und erwartungsvoll dem Neuen entgegensehen.

Persönliche Tageszahl 11
Sie können sich heute leicht unruhig fühlen, ein bißchen launisch oder zögernd sein. Möglich ist auch, daß Sie tagträumen und ein bißchen zerstreut sind. Ihre Aufmerksamkeit ist heute mehr auf die Intuition und die Vorstellungskraft gerichtet, und vielleicht haben Sie brillante Ideen. Ihre Sensibilität ist stark ausgeprägt. Sie sollten versuchen, der Beschäftigung dieses Tages auf kreative Weise Form zu verleihen.

Persönliche Tageszahl 22
Sie sollten die große Energie, die Ihnen heute zur Verfügung steht, sinnvoll einsetzen; andernfalls könnte es ein emotionaler und nervöser Tag werden. Auf jeden Fall sollten Sie sich Zeit nehmen, um geistig und körperlich aktiv zu sein. Nach einem ermüdenden Arbeitstag wie heute können Sie am be-

sten bei Musik und Sport (Yoga) entspannen. Ihre Intuition ist stark ausgeprägt.

Persönliche Tageszahl 33
Es hat den Anschein, als ob heute alles auf Ihren Schultern lastet. Sie besitzen viel Energie, die Sie jedoch sinnvoll einsetzen müssen, andernfalls werden Sie nervös. Gefühle von Eifersucht oder Neid lassen Sie überheblich sein, was Sie jedoch nicht so leicht zugeben. An solch einem Tag halten Sie es für wichtig, viel Aufmerksamkeit zu geben und zu erhalten. Ein Tag, um sich auf Ihre Gefühle zu verlassen!

6.2.5 Bedeutung der Geburtsortzahlen

Alle Charaktereigenschaften eines Menschen werden durch den Geburtsort beeinflußt. Sie müssen jedoch noch ins Gleichgewicht gebracht werden, denn oft wirkt ein Charakterzug stärker als der andere. Sie sollten jedoch zusammenwirken, so daß ihre Wirkung ausgeglichen ist. Der Einfluß des Geburtsorts wirkt speziell als Anreiz und als Ergänzung für die bei der Geburt vorhandenen Charaktereigenschaften. In den folgenden Erläuterungen wird gezeigt, welche Merkmale durch diesen Einfluß verstärkt oder abgeschwächt werden.

Geburtsortzahl 1
Merkmale wie Individualität und Selbständigkeit können durch den Einfluß dieses Geburtsorts angeregt und entwickelt werden.

Geburtsortzahl 2
Dieser Geburtsort hat Ihnen Sensibilität und innere Konflikte mitgegeben. Sie „sehen“ und erfahren mehr, als Sie fühlen können. Dieser Platz hat Ihnen auch ein Gefühl für Klang und Musik geschenkt.

Geburtsortzahl 3
Sie erhielten Ihren Sinn für Humor und Ihre Wertschätzung für alles Schöne durch Ihren Geburtsort, der Ihnen auch Ihre sprachliche Ausdrucksfähigkeit mitgegeben hat.

Geburtsortzahl 4
Dieser Geburtsort hat Ihnen einen Blick für Details und konsequentes Verhalten verliehen. Er hat auch Ihr Bedürfnis nach einer soliden Basis geprägt, speziell in Form eines „eigenen Zuhauses".

Geburtsortzahl 5
Bei Ihnen ist der Geburtsort die Hauptursache für Ihr Bedürfnis, „frei" zu sein. Sein Einfluß hat Ihre Sehnsucht nach Unabhängigkeit, Vielfalt und Veränderung angeregt.

Geburtsortzahl 6
Heimweh, Sicherheit, Verantwortung – all diese Gefühle sind in diesem Geburtsort begründet. Auch die sentimentalen Gefühle wurden dadurch angeregt.

Geburtsortzahl 7
Sie erhielten Ihre intuitiven Fähigkeiten aufgrund des Geburtsorts. Diese Fähigkeiten können jedoch mit unbestimmten Ängsten und Vorahnungen verbunden sein.

Geburtsortzahl 8
Die Charaktereigenschaften, wie Originalität und Führungsqualitäten, gehen auf diesen Geburtsort zurück. Auch sind hier die geschäftlichen Neigungen begründet.

Geburtsortzahl 9
Der Einfluß dieses Geburtsorts wirkt sich besonders im Zusammenhang mit Gefühlen wie Verständnis, Einsicht und Rücksichtnahme aus. Wehmütige Gefühle sind auch Teil dieses Einflusses.

Geburtsortzahl 11
Bei Ihnen verstärkt der Geburtsort die vorhandene Energie und eventuell auch Nervosität. Der innere Antrieb und das Bedürfnis, sich auszudrücken und auch sich selbst zu unterdrücken, kann bei Ihnen sehr ausgeprägt sein. Wenn die Seelenzahl und/oder Verhaltenszahl mit der Geburtsortzahl übereinstimmt, sind viele und starke Ausdrucksmöglichkeiten vorhanden.

Geburtsortzahl 22

Dieser Geburtsort hat eine energetisch starke Ausstrahlung. Es müssen genügend Möglichkeiten da sein, um diese Energie auszudrücken; andernfalls kann sie in Nervosität umschlagen. Wenn die Seelenzahl und/oder die Verhaltenszahl und/oder die Lebenslaufzahl mit der Geburtsortzahl übereinstimmt, werden Sie in Ihrem Leben viel erreichen.

Geburtsortzahl 33

Dieser Geburtsort gibt Ihnen sehr viel Energie. Sie müssen versuchen, sich möglichst intensiv auszudrücken und Ihre großen Ideen umzusetzen, damit diese Energie nicht zu Nervosität führt. Wenn die Seelenzahl und/oder Verhaltenszahl und/oder Lebenslaufzahl mit der Geburtsortzahl übereinstimmt, können diese Menschen andere bei Großprojekten gut beraten.

7. Ausdrucksbereiche

Aus den sieben Ausdrucksbereichen ist ersichtlich, in welchen Gebieten die Talente und Begabungen des Betreffenden liegen und wie sie am besten genutzt werden können. Diese Angaben zeigen in groben Zügen, welche Gebiete sich optimal für das Studium und für die Arbeits- oder Berufswahl eignen. Die Basis für diese Ausdrucksbereiche wird speziell durch die Art und Weise, wie man sich selbst ausdrückt, durch die Gebiete, in denen man aktiv ist und die jeweilige Elementezahl bestimmt. Hier können Umbildungen durch Ändern des heute gebräuchlichen Namens oder durch einen Ortswechsel geschaffen werden.

Die *Ausdruckszahl* gibt Auskunft darüber, wie man sich am besten ausdrücken kann, wo die Interessen des Betreffenden liegen und in welchen Bereichen man sich am wohlsten fühlt.

Die *Elementezahl* zeigt speziell, in welchen Bereichen man schnell aus dem Gleichgewicht geworfen wird und welche Bereiche gestärkt werden müssen, damit dieser Mensch eine ausgewogenere Persönlichkeit entwickeln kann.

Durch Vergleichen der *Manifestationszahl* und der *Aktivitätsbereichszahl* wird ersichtlich, wie man sich am besten ausdrücken kann, auf welchen Gebieten man sich wohlfühlt und worauf man seine Aktivitäten richten sollte.

Wenn beispielsweise die höchsten Werte für die Manifestationszahl im Bereich „Verstand" und für die Aktivitätsbereichszahl im Bereich „Zweiseitig" liegen, kann der Betreffende seine intellektuellen Leistungen am besten in einer leitenden Funktion einsetzen. Dabei sollte besonders auf Kooperation und Zusammenarbeit geachtet werden.

Die *Berufshinweiszahl* gibt an, in welchem Arbeitsbereich man sich am wohlsten fühlt. Aus der *„Ego"-Zahl* sind die Vorlieben im sozialen Bereich und die Art des Umgangs mit anderen ersichtlich. Die *Wohnortzahl* zeigt, welche Aktivitäten und Möglichkeiten an diesem speziellen Platz leichter verwirklicht werden können. Man kann an dieser Stelle überprüfen, ob diese Merkmale mit der gewünschten beruflichen Laufbahn und der sozialen Umgebung übereinstimmen.

7.1 Berechnen der Zahlen der Ausdrucksbereiche

7.1.1 Berechnen der Ausdruckszahl

Der numerologische Wert der Ausdruckszahl errechnet sich durch Addieren der Werte aller Buchstaben des ersten Geburtsvornamens, die anschließend auf einen numerologischen Wert reduziert werden.

A L E X A N D E R
1 + 3 + 5 + 6 + 1 + 5 + 4 + 5 + 9 = 39 = 3 + 9 = 12 = 1 + 2 = **3**

7.1.2 Berechnen der Elementezahlen

Die Werte der Elementezahlen erhält man durch Überprüfen, *wie oft* die Werte eines Elements in den numerologischen Werten des Geburtsnamens vorkommen.

Element:	*Werte:*
Feuer	1, 3 und 9
Erde	4, 6 und 8
Luft	5, 6 und 11
Wasser	2, 7 und 22

Zur Unterscheidung dieser Elemente wird die folgende Klassifizierung verwendet: *am stärksten*, *stark*, *schwach* und *am schwächsten.*

ALEXANDER MICHAEL MERKEL-BARTH

1	A, A, A, A	**4** x Feuer
2	B, T, K (11)	**2** x Wasser und **1** x Luft
3	L, L, L, C	**4** x Feuer
4	D, M, M	**3** x Erde
5	E, E, E, E, E, N	**6** x Luft
6	X	**1** x Luft und **1** x Erde
7		
8	H, H	**2** x Erde
9	R, R, R, I	**4** x Feuer

Feuer	4 + 4 + 4	=	**12**	(am stärksten)
Erde	3 + 1 + 2	=	6	(schwach)
Wasser	2	=	2	(am schwächsten)
Luft	1 + 6 + 1	=	8	(stark)

7.1.3 Berechnen der Manifestationszahlen

Die Werte der Manifestationszahlen erhält man durch Überprüfen, *wie oft* die Buchstaben, die eine bestimmte Ausdrucksweise symbolisieren, im Geburtsnamen vorkommen. Die Anzahl wird nicht weiter reduziert, wenn sie größer als 9 ist.

Manifestationsweise:	*Buchstaben:*
Verstand	A, G, H, J, L, N, P
Körper	E, D, M, W
Gefühl	B, I, O, R, S, T, X, Z
Intuition	C, F, K, Q, U, V, Y

ALEXANDER MICHAEL MERKEL-BARTH

Verstand	A, A, A, A, H, H, L, L, L, N	**10**	Buchstaben
Körper	E, E, E, E, E, D, M, M	**8**	Buchstaben
Gefühle	B, I, R, R, R, T, X	**7**	Buchstaben
Intuition	C, K	**2**	Buchstaben

7.1.4 Berechnen der Aktivitätsbereichszahlen

Die Werte der Aktivitätsbereichszahlen erhält man durch Überprüfen, *wie oft* die Buchstaben eines bestimmten Aktivitätsbereichs im Geburtsnamen vorkommen. Auch dieser Wert wird nicht weiter reduziert.

Aktivitätsbereich:	*Buchstaben:*
Auf sich selbst gestellt	A, E, I, K, O, R, Z
Zweiseitig	B, F, H, J, N, P, Q, S, T, U, W, X, Y
Ausgeglichen	C, D, G, L, M, V

ALEXANDER MICHAEL MERKEL-BARTH

Auf sich selbst gestellt	A, A, A, A, E, E, E, E, E, I, K, R, R, R	**14**	Buchstaben
Zweiseitig	B, H, H, N, T, X	**6**	Buchstaben
Ausgeglichen	C, D, L, L, L, M, M	**7**	Buchstaben

7.1.5 Berechnen der Berufshinweiszahl

Den numerologischen Wert der Berufshinweiszahl erhält man durch Reduzieren der Summe der nicht reduzierten Endwerte der Seelen-, Verhaltens-, Entwicklungs- und Zielzahl auf einen numerologischen Wert. Zum Beispiel wurde Alexanders Seelenzahl 2 von der Zahl 20 abgeleitet, die für die Berechnung der Berufshinweiszahl verwendet wird.

Seelenzahl	20
Verhaltenszahl	41
Entwicklungszahl	21
Zielzahl	26

Endwert: 20 + 41 + 21 + 26 = 108 = 1 + 8 = **9**

7.1.6 Berechnen der „Ego"-Zahl

Den numerologischen Wert der „Ego"-Zahl erhält man durch Addieren der numerologischen Werte der Buchstaben des heute gebräuchlichen Namens; das Ergebnis wird anschließend auf einen numerologischen Wert reduziert.

A L E X A N D E R
1 + 3 + 5 + 6 + 1 + 5 + 4 + 5 + 9 =39 = 3 + 9 = 12 = 1+ 2 = 3

M E R K E L - B A R T H
4 + 5 + 9 +11+ 5 + 3 + 2 + 1 + 9 + 2 + 8 = **59**

= 5 + 9 = 14 = 1 + 4 = 5

Endwert: 3 + 5 = **8**

7.1.7 Berechnen der Wohnortzahl

Den numerologischen Wert der Wohnortzahl erhält man durch Addieren der numerologischen Werte der Buchstaben des Wohnorts und Reduzieren des Ergebnisses auf einen numerologischen Wert.

B E R L I N
2 + 5 + 9 + 3 + 9 + 5 = 33

Endwert: **33**

7.2 Bedeutung der Zahlen der Ausdrucksbereiche

7.2.1 Bedeutung der Ausdruckszahlen

Aus der Ausdruckszahl ist ersichtlich, wie sich der Betreffende am besten ausdrücken kann, in welchem Bereich seine Talente und Begabungen liegen und wie sie optimal entwickelt werden können.

Ausdruckszahl 1
Sie können sich am besten durch eigene originelle Ideen ausdrücken und sollten es vermeiden, andere zu imitieren. Am einfachsten gelingt dies, wenn Sie immer wieder die Gelegenheit haben, Dinge selbst zu organisieren und die Führung zu übernehmen. Sie sollten Ihre Ideen an andere weitergeben, damit sie sich damit beschäftigen können. Es ist das Beste für Sie, wenn Sie die Zügel selbst in der Hand halten und auf diese Weise Ihre dominante Neigung in positiver Weise nutzen. Pläne, Ideen und Einfälle schriftlich darzulegen ist eine gute Möglichkeit für Sie, sich auszudrücken.

Ausdruckszahl 2
Sie finden ihre optimalen Ausdrucksmöglichkeiten in der Zusammenarbeit mit anderen, wobei es auch wichtig ist, daß Sie einen Blick fürs Detail haben. Ein Hobby, bei dem man etwas sammelt (zum Beispiel Briefmarken, Münzen und so weiter) ist auch eines der vielen möglichen Betätigungsfelder.

In diesem Fall wären Sie ständig damit beschäftigt, zu vergleichen, zu tauschen und mit den verschiedensten Menschen zu verhandeln. Sie können sich auch durch Musik und Tanzen in einer Gruppe ausdrücken. Wichtig an dieser Ausdrucksweise ist für Sie, daß zwischen Unterrichten und Lernen abgewechselt wird.

Ausdruckszahl 3

Die beste Ausdrucksmöglichkeit ist für Sie wahrscheinlich die Sprache. Mit Hilfe der Kommunikation können Sie zu sich selbst finden und haben speziell durch den verbalen Gebrauch der Sprache, aber auch durch Schreiben oder Schauspielen gute Möglichkeiten, sich auszudrücken. Auf diese Weise verhelfen Sie anderen Menschen zu mehr Verständnis und Einsicht, was zu guten sozialen Kontakten führt. Dabei werden Sie sich in Ihrem Element fühlen. Sowohl im Theater als auch in der Welt der Musik fühlen Sie sich vermutlich wie „zu Hause".

Ausdruckszahl 4

Sie können sich am besten in Betätigungen ausdrücken, die etwas mit Technik, Erfindung oder Forschung zu tun haben. Unter anderem ist es eine passende Beschäftigung für Sie, die verschiedensten kniffeligen Aufgaben zu lösen, und Sie finden es außerdem besonders angenehm, sich mit Hilfe Ihrer Hände auszudrücken, wie zum Beispiel beim Arbeiten mit Holz, Metall oder Ton. Auch die aktive Beschäftigung mit Musik, vor allem mit der technischen Seite, ist eine gute Ausdrucksmöglichkeit für Sie.

Ausdruckszahl 5

Sie sollten Ihre Anpassungsfähigkeit verstärkt entwickeln. Sie können sich optimal ausdrücken, wenn Sie mit unterschiedlichen Situationen und den verschiedensten Menschen konfrontiert werden. Auf diese Weise befriedigen Sie Ihren Wissensdurst und können mühelos neue Kenntnisse dazugewinnen. Sie sollten Ihre Energie über den Körper ausdrücken und sowohl die Körpersprache als auch Ihren Verstand einsetzen, um Ihre Gefühle und Gedanken auszudrücken. Es ist wichtig für Sie, Ihre Grenzen kennenzulernen und sie im Kontakt mit anderen

Menschen und Dingen zu erweitern. Alle Sportarten, die Ihrem Körper wohltun, sind eine gute Möglichkeit für Sie, sich aktiv auszudrücken.

Ausdruckszahl 6

Die Ausdrucksmöglichkeiten, die für Sie besonders günstig sind, haben etwas mit der fürsorglichen Seite Ihres Charakters zu tun. Sie haben das Bedürfnis, anderen behilflich zu sein, sie zu beraten, und schaffen sich deshalb die entsprechenden Situationen. Sie sollten es wagen, Verantwortung zu übernehmen. Unabhängig von Ihrem Beruf sind Sie vermutlich Spezialist auf Ihrem Gebiet und können dieses Wissen auch sehr gut in Form von Unterricht weitergeben. Speziell in der familiären Umgebung haben Sie die Möglichkeit, Ihre Kreativität zu entwickeln. Ihr Kontakt zu Kindern und Tieren sollte verstärkt werden. In der Welt der Unterhaltung fühlen Sie sich wahrscheinlich in Ihrem Element.

Ausdruckszahl 7

Sie finden Ihre Ausdrucksmöglichkeiten, wenn Sie Tatsachen und/oder Vorschläge prüfen und ausprobieren, und sollten Situationen suchen, die Sie dazu anspornen, Ihr objektives Urteilsvermögen zu entwickeln. Ein wissenschaftlicher Hintergrund würde sich hierzu besonders gut eignen. Zu den möglichen Hobbys oder Jobs, die bei dieser Zahl zu finden sind, gehören Lesen, sich mit dem Gesichtsausdruck anderer Befassen, manuelles Arbeiten oder sich mit etwas Technischem, wie Musik, Computer und so weiter, Beschäftigen. Ihr Bedürfnis, sich von Zeit zu Zeit zurückzuziehen, sollten Sie beachten.

Ausdruckszahl 8

Sie sollten sich nicht von anderen sagen lassen, wie Sie sich auszudrücken haben, sondern Sie sollten es selbst herausfinden. Die besten Ausdrucksmöglichkeiten haben Sie im Umgang mit Materialien, das heißt, Sie sollten möglichst alles verwenden, was die Erde an Rohmaterialien zu bieten hat. Hierzu eignet sich speziell Ton oder Gips. Sie können auch mit Textilien arbeiten, solange Sie „fühlen“ können, was Sie gerade tun. Malen eignet sich hier nicht unbedingt, es sei denn, Sie malen mit den Fingern. Auch Handeln mit den verschiedensten Dingen bietet sich hier als Ausdrucksmöglichkeit an.

Ausdruckszahl 9
Sie können sich am besten ausdrücken, indem Sie die Schönheit in allem, was Sie umgibt, und in sich selbst aufmerksam betrachten. Sie sollten die Verknüpfung zwischen Ursache und Wirkung kennenlernen, so daß sich Ihre Fähigkeit, Dinge nach Ihrem wirklichen Wert zu beurteilen, entwickeln kann und der bittere Nachgeschmack von unangenehmen Erfahrungen etwas abgeschwächt wird. Empfehlenswert ist für Sie, Museen zu besuchen und alles Kunstvolle zu genießen, Musik zu hören und die darin verborgene Schönheit kennenzulernen. Dadurch werden Sie erfahren, daß alles „Kunst" ist. Schreiben, Malen, Musik, Lieben, Schönes und Häßliches – alles ist Kunst, ja selbst das ganze Leben kann Kunst sein, wenn man dafür offen ist.

Ausdruckszahl 11
Die beste Ausdrucksmöglichkeit finden Sie im aktiven Tätigsein, vorzugsweise in Führungs- oder Organisationsaufgaben. Sie sollten versuchen, die angenehmen und leichten Seiten dieses Erdenlebens zu entdecken und zu schätzen, und sich in einer Umgebung aufhalten, die es möglich macht, ja sogar erfordert, Gedanken auszudrücken. Ihre Ausdrucksmöglichkeiten sind im spirituellen und weltlichen Bereich zu finden. Sie müssen, um andere besser zu verstehen, Ihre intuitiven Fähigkeiten entwickeln und sie sinnvoll einsetzen lernen. Musik gibt Ihnen Frieden und Ruhe.

Ausdruckszahl 22
Sie finden die besten Ausdrucksmöglichkeiten, wenn Sie etwas auf konstruktive Weise immer wieder „aufbauen" und „niederreißen" und zwar mit Ihren Händen und mit Ihrem Kopf. Dies kann auf verschiedene Weise geschehen. Ihre Kooperations- und Anpassungsfähigkeit können Sie am besten entwickeln, wenn Sie den verschiedensten Menschen und Situationen begegnen, was Ihnen wahrscheinlich auch hilft, Ihre Umgebung besser zu beurteilen und Ihre intuitiven Fähigkeiten zu entwikkeln. Musik hat auf Sie eine beruhigende Wirkung.

Ausdruckszahl 33
Die beste Ausdrucksmöglichkeit finden Sie in der Beschäftigung mit Musik, im Dienen und Unterrichten, wobei Sie auch alle drei Ausdrucksarten miteinander kombinieren können. Auf jeden Fall müssen Sie Gelegenheit haben, sich möglichst aktiv zu engagieren. Dafür können sich auch Tätigkeiten im Bereich der Musik, des Schauspiels oder in der Welt des Theaters eignen. Besonders wohltuend ist für Sie ein flotter Spaziergang in der freien Natur sowie die Beschäftigung mit Kindern, Erwachsenen und Tieren, die Ihnen sehr leicht fällt.

7.2.2 Bedeutung der Elementezahlen

Die vier Elemente *Luft*, *Wasser*, *Feuer* und *Erde* bestimmen das menschliche Leben und sind anteilig bei jedem Menschen vorhanden. Aus der Berechnung ist ersichtlich, welche Elemente *schwach* oder *stark* vorhanden sind.

Luft ist der positive Pol zu Wasser und Feuer der positive Pol zu Erde. Das Positive kann das Negative transformieren und umgekehrt (hier ist negativ nicht als „minderwertig" oder „schlecht" zu verstehen). Diese Elemente spiegeln sich in der Einstellung und im Verhalten eines Menschen wider.

Das Element ***Luft*** steht für Intuition und Inspiration.

Das Element ***Wasser*** steht für logisches Denken und dafür, sich mit solchen intuitiven Inspirationen in Einklang zu bringen.

Das Element ***Erde*** steht für Handeln und Sammeln, als Ergebnis der durchdachten und verstandenen Inspiration. Es steht auch für die greifbaren Dinge.

Das Element ***Feuer*** steht für die Emotionen, die aus der „greifbar gemachten" Inspiration entstehen. Der Mensch hat seiner Inspiration Form verliehen, und diese gibt ihm Gefühle, zum Beispiel Enttäuschung, Freude, Aggression, Begeisterung und so weiter. Auch Gefühle wie Akzeptiert- oder Abgelehntsein gehören zu diesem Element.
Diesen Kreislauf von Element zu Element bezeichnet man auch

als den *„Elementezyklus"*, der die Lebenserfahrungen darstellt. Solch ein Kreislauf kann nur wenige Augenblicke oder aber Stunden, Tage, ja sogar Jahre dauern. Er zeigt, wie der Betreffende mit einer speziellen Lebenserfahrung umgeht.

Das Element *Feuer* steht in Verbindung mit dem Element *Luft*, und deshalb hat ein Mensch durch die Umsetzung von Erfahrungen neue Erkenntnisse gewonnen und seinen Horizont erweitert. Wenn das Element Luft (Intuition) zu stark ausgeprägt ist, sollte das Element Wasser (Vernunft) oder Erde (Materie) mehr beachtet werden. Ist das Element Wasser zu stark, sollte das Element Luft oder Feuer (Emotionen) stärker betont werden.

Elementezyklus

(positiv)		(positiv)
+	←	+
Luft		**Feuer**
(*5, 6, 11*)		(*1, 3, 9*)
↓		↑
(negativ)		(negativ)
–	→	–
Wasser		**Erde**
(*2, 7, 22*)		(*4, 6, 8*)

Wenn bei einer numerologischen Berechnung beispielsweise Feuer sechsmal, Erde zweimal, Luft und Wasser je einmal vorkommen, kann man daraus entnehmen, daß bei diesen Menschen die Emotionen wesentlich stärker als die Intuition und die Vernunft sind und nur etwas stärker als die materielle Veranlagung. Sie können sich am besten durch konkrete Dinge (wie Schreiben, Malen, manuelles Arbeiten und so weiter) ausdrücken und sollten verstärkt lernen, Ihre Intuition auszudrükken und Ihre Vernunft zu entwickeln. Deshalb werden Sie sich immer wieder in Situationen bringen, die Ihnen Gelegenheit geben, diese Eigenschaften zu fördern.

7.2.3 Bedeutung der Manifestationszahlen

Diese Zahl gibt Auskunft über die Ausdrucksmöglichkeiten, die für den Betreffenden am besten geeignet ist. Dazu werden die *vier Manifestationsbereiche* miteinander verglichen, wobei der höchste Zahlenwert den für den jeweiligen Menschen günstigsten Bereich angibt.

Verstand: Es geht hauptsächlich um sachliches und theoretisches Wissen und um praktisches/gewandtes und logisches Schlußfolgern/Urteilen.

Körper: Der Schwerpunkt liegt darauf, Materielles zu sammeln, damit zu arbeiten und sich durch die praktische Erfahrung Wissen anzueignen.

Gefühle: Die Hauptaufgabe ist, Erfahrungen zu „erfühlen" und sich künstlerisch und kreativ auszudrücken.

Intuition: Hier geht es um das Ausdrücken von Ideen und Überzeugungen, die man durch Einsichten gewonnen hat, um bestehende Situationen verbessern zu können.

7.2.4 Bedeutung der Aktivitätsbereichszahlen

Der Aktivitätsbereich mit dem höchsten Zahlenwert gibt an, wo der Betreffende seine Aktivitäten am erfolgreichsten durchführen kann, das heißt, in welchem Bereich er wirklich gut ist, und der niedrigste Zahlenwert steht für den Bereich, der ihm gar nicht liegt. Diese Angaben sind auch ein Hinweis auf vorhandene *Talente und Begabungen* (Ausdrucksweisen) und können bei der Auswahl eines Studiengebiets oder des Berufs eine wertvolle Hilfe sein.

Auf sich selbst gestellt: Wenn der höchste Zahlenwert in diesem Bereich liegt, kann dieser Mensch seinen eigenen Plan verwirklichen und zieht es vor, diesen ohne Mithilfe anderer auszuführen.

Zweiseitig: Wenn der höchste Zahlenwert in diesem Bereich liegt, kann dieser Mensch seine eigenen Pläne und die Pläne anderer ohne große Diskussionen realisieren und ist bereit, mit anderen zusammenzuarbeiten.

Ausgeglichen: Wenn der höchste Zahlenwert in diesem Bereich liegt, ist dieser Mensch fähig, anderen Menschen Hindernisse aus dem Weg zu räumen, begonnene Projekte zu beenden und „Das Tüpfelchen aufs I setzen“ zu machen.

7.2.5 Bedeutung der Berufshinweiszahlen

Diese Zahl gibt an, welche Art von Arbeit für den betreffenden Menschen am besten geeignet ist. Sie sollte mit der Lebenseinstellungs-, der Ausdrucks-, der Seelen- und Verhaltenszahl verglichen werden, um die jeweiligen *Fähigkeiten und Begabungen* zu bestätigen oder zu verneinen.

Berufshinweiszahl 1
Für Sie ist ein Beruf geeignet, der Ihnen die Möglichkeit bietet, eine Führungsposition innezuhaben und/oder selbständig zu arbeiten. Außerdem sollten Sie Verantwortung übernehmen und neue Ideen verwirklichen können.

Berufshinweiszahl 2
Sie fühlen sich in einem Beruf wohl, der Ihnen die Möglichkeit gibt, mit anderen zusammenzuarbeiten, und der ein gewisses Maß an Sorgfalt von Ihnen verlangt. Solch eine Betätigung könnte im künstlerischen und kreativen Bereich zu finden sein.

Berufshinweiszahl 3
Für Sie ist ein Beruf geeignet, in dem Sie viel mit anderen Menschen zu tun haben, sich selbst oder Ihr Produkt „verkaufen“ und sich mit Hilfe der Sprache ausdrücken müssen.

Berufshinweiszahl 4
Für Sie ist ein Beruf im Verwaltungsbereich oder eine Betätigung geeignet, bei der exakte manuelle Geschicklichkeit verlangt wird. In beiden Fällen müssen Sie genau, systematisch und effizient arbeiten.

Berufshinweiszahl 5
Für Sie ist ein Beruf geeignet, in dem Sie einer „wohl durchdachten Idee“ Form geben können. Bei solch einer Betätigung gleicht kein Tag dem anderen. Änderungen der Umgebung und/oder der Menschen sind an der Tagesordnung. Außerdem sollte dieser Beruf die Möglichkeit für Verhandlungen bieten.

Berufshinweiszahl 6
Sie brauchen einen Beruf, in dem Sie sich wohlfühlen, Ihre Qualitäten als Berater und Lehrer einsetzen können und der etwas mit Menschen (Kinder, Erwachsene, Ältere) und/oder Tieren, Häusern, Nahrungsmitteln oder mit der Natur zu tun hat.

Berufshinweiszahl 7
Der ideale Beruf ist für Sie eine Betätigung, die Sie in Ruhe und Beschaulichkeit ausführen und bei der Sie etwas überprüfen und analysieren können. Auf jeden Fall sollte es ein Beruf sein, der sehr viel Genauigkeit und Sorgfalt erfordert.

Berufshinweiszahl 8
Für Sie ist ein Beruf geeignet, bei dem Sie andere in materiellen Angelegenheiten beraten können. Sie sollten eine führende Position innehaben, Verantwortung übernehmen können und speziell die Möglichkeit haben, in den verschiedensten Bereichen Verhandlungen zu führen.

Berufshinweiszahl 9
Bei diesem Beruf ist der kommerzielle Aspekt nicht besonders wichtig, an erster Stelle steht der soziale Aspekt. Zudem sollten alte Ideen von neuen Vorstellungen ersetzt werden können.

Berufshinweiszahl 11
Für Sie ist ein Beruf geeignet, in den Sie sehr viel Energie hineingeben können. Optimal wären Berufe, die mit der Übermittlung von Informationen zu tun haben, oder Betätigungen im kommerziellen Bereich, bei denen Geschichte eine wichtige Rolle spielt oder eine spirituelle Neigung verlangt wird.

Berufshinweiszahl 22
Für Sie ist ein Beruf geeignet, in dem Sie organisatorisch und konstruktiv arbeiten können und die Möglichkeit haben, Ihre eigenen Ideen und die anderer in die Realität umzusetzen. Dies kann sowohl im kommerziellen als auch im spirituellen Bereich sein. Es kann ein Beruf sein, bei dem Sie auf breiterer Basis als dem eigenen Erfahrungsbereich tätig sein können.

Berufshinweiszahl 33
Für Sie ist jeder Beruf geeignet, in dem Sie die Führung übernehmen, organisieren, etwas kreieren und einen Großteil Ihrer Energie investieren können. Dies könnte eine Tätigkeit sein, mit der neue Möglichkeiten für vermehrte und bessere Arbeitsplätze und bessere Lebensbedingungen geschaffen werden.

7.2.6 Bedeutung der „Ego"-Zahlen

Diese Zahl zeigt, wer und was der Betreffende wirklich ist und vor allem *wie er sich selbst sieht.* Jede intensiv durchlebte Erfahrung bewirkt eine Veränderung, die sich oft sowohl im Äußeren als auch im Inneren zeigt. Dies kann im Extremfall sogar soweit gehen, daß man das Gefühl hat, seinen Namen ändern zu wollen. Das „Ego" unterliegt dann willkürlichen Veränderungen.

„Ego"-Zahl 1
Sie sind manchmal ein bißchen eigensinnig und kennen sich normalerweise besser aus als andere, was Sie jedoch nicht immer beliebt macht. Jedoch findet man Sie im allgemeinen sympathisch. Sie sind originell, was Sie für andere attraktiv macht, und Sie lieben es, immer aktiv zu sein und etwas zu organisieren. Gewöhnlich halten Sie an etwas Begonnenem fest, manchmal sogar gegen Ihr eigenes besseres Wissen, und sind in einer Gruppe gerne aktiv, solange die Führung in Ihren Händen liegt. Herausforderungen und Konflikten stellen Sie sich mutig. Zeitweise sind Sie zu sehr mit sich selbst beschäftigt und können dadurch in Ihrem Denken in eine Sackgasse geraten.

„Ego"-Zahl 2
Sie sind sehr sensibel, gefühlvoll und leicht verletzbar und können gut mit anderen, vor allem in Gruppen, zusammenarbeiten. Für Eindrücke aus Ihrer Umgebung sind Sie sehr empfänglich, Sie sind musikalisch und lehnen Disharmonien ab. Sie machen alles Erdenkliche, um Unfrieden zu vermeiden oder zu klären. Das Sammeln irgendwelcher Dinge kann eines Ihrer Hobbys gewesen (oder noch) sein. Hier und da etwas mehr

Bedachtsamkeit kann bei Ihnen Wunder wirken und Ihre Verdrießlichkeit in Nichts auflösen.

„Ego"-Zahl 3
Im allgemeinen sind Sie spontan und freundlich. Sie sind anderen nie lange böse und finden immer wieder etwas Positives an ihnen. Sie haben ein starkes Bedürfnis, sich auszudrücken, und sollten dies auch verstärkt tun. Manchmal versuchen Sie, tausend Dinge gleichzeitig zu machen und überfordern sich damit. Sie reden sehr viel, gelegentlich zu viel, sind neugierig, bestrebt zu lernen und alles Wissenswerte zu erfahren. Sie lernen, indem Sie mit den verschiedensten Menschen, Tieren und Gegenständen zusammenkommen. Da Sie oft mehrere Dinge gleichzeitig erledigen, können Sie ein bißchen oberflächlich und lässig im Umgang damit sein.

„Ego"-Zahl 4
Sie lieben es, Ihre Tätigkeiten ruhig und kontrolliert zu erledigen, und Sie machen nur selten etwas in Eile. „Erst wägen, dann wagen" ist Ihre Devise. Obwohl Sie leicht Kontakt mit anderen knüpfen, haben Sie doch nur wenige echte Freunde. Sie sind selbst ein guter Freund, und obwohl Sie nicht immer die richtigen Worte finden, hören Sie sehr aufmerksam zu. Wenn Ihr Vertrauen mißbraucht wird, können Sie dem anderen nicht so leicht vergeben und werden diese Angelegenheit niemals vergessen. Sie lieben Ihr Zuhause, und Familienbindungen sind Ihnen sehr wichtig. Bei all Ihren Arbeiten, sei es mit dem Kopf oder mit den Händen, beachten Sie die Details. Manchmal neigen Sie dazu, auf Kleinigkeiten zu stark zu reagieren.

„Ego"-Zahl 5
Solange das Leben nicht zur Routine wird, akzeptieren Sie alles. Sie suchen die Vielfalt und die Abwechslung und haben gerne Kontakt mit anderen Menschen, vor allem mit Ihnen unbekannten Leuten. Bestehen nur wenige Kontakte, scheint Ihr Leben leer zu sein, und Sie langweilen sich zu Tode.
Sie können sich schnell für etwas begeistern, einfach weil es etwas Neues ist. Sie reisen gerne und träumen wahrscheinlich von den verschiedensten Abenteuerreisen. Veränderungen und Konflikte betrachten Sie als Herausforderungen, denen Sie sich

mutig stellen. Unter den Menschen mit dieser Zahl findet man den Forscher und Erfinder. Sie genießen das Leben in vollen Zügen und wollen alles ganz intensiv erleben.

„Ego"-Zahl 6

Ganz gleich, wo Sie sich befinden, es gelingt Ihnen immer, eine heimelige Atmosphäre zu schaffen. Wenn andere mit Ihnen zusammenkommen, fühlen sie meist Ihre Herzlichkeit und Zuneigung, mit denen Sie normalerweise sehr großzügig umgehen. Auch diejenigen, die Sie nicht um diese Art von Zuwendung bitten, müssen sie von Ihnen annehmen. Oft neigen Sie besonders dazu, anderen zu helfen und vergessen dabei manchmal, daß jeder seine Probleme selbst ohne Hilfe anderer lösen können muß. Wenn keine Konflikte zu lösen sind, schaffen Sie sich diese oft selbst. Ihre Meinung über andere ändern Sie häufig.

„Ego"-Zahl 7

Wenn Sie sich von Ihrer besten Seite zeigen, können Sie ein Vorbild für andere sein. Sie sind nachdenklich und überlegen gründlich, bevor Sie etwas sagen. Normen, Entwicklung und Kultur haben für Sie einen hohen Stellenwert. In Ihren Ansichten sind Sie zwar bestimmt, aber nicht stur. Außerdem sind Sie sehr offen für andere Meinungen. Ihr Wissen nehmen Sie eher aus bestehenden Theorien als aus Erfahrungen. Es ist schwierig, Ihr Vertrauen zu gewinnen, und es fällt Ihnen nicht leicht, auf andere zuzugehen. Menschenansammlungen meiden Sie und ziehen statt dessen Begegnungen mit Menschen vor, mit denen man sich angenehm und ruhig unterhalten kann. Dabei hören Sie dem anderen nicht nur zu, sondern achten während des Gesprächs auch auf dessen Gesichtsausdruck und Gesten. Auf Details gehen Sie eher nicht ein.

„Ego"-Zahl 8

Sie sind von Natur aus leicht berechnend, was nicht unbedingt als negativ zu bewerten ist. Sie haben Vorahnungen und handeln automatisch entsprechend. Andere mögen Sie, solange Sie klar sagen, was Sie wollen und wohin Sie gehen. Im allgemeinen wissen Sie sofort über den anderen Bescheid. Sie besitzen Führungsqualitäten und Organisationstalent und erkennen, wann Sie etwas delegieren können. Sie sind gerne aktiv und beschäftigt, vor allem mit konkreten Angelegenheiten, und können Ihren Ideen eine gute Form verleihen. Sie neigen dazu, Dinge anzuhäufen, und es fällt Ihnen nicht leicht, diese wieder loszulassen. In Beziehungen (Verlust wichtiger Kontakte) und speziell in bezug auf Geld und Besitz kann diese Haltung ungünstige Konsequenzen haben.

„Ego“-Zahl 9
Sie haben Ausdauer, zumindest wenn Sie überzeugt sind, daß es sich um etwas Lohnenswertes handelt. Sie sind ein bißchen sentimental und idealistisch. Ihre Gedanken gelten meist eher anderen als sich selbst. Im allgemeinen beenden Sie begonnene Aufgaben. Manchmal ziehen Sie sich zurück – vor allem, wenn Sie verletzt sind. Dies kann öfter passieren, weil Sie viel geben, jedoch das Gefühl haben, nicht genügend zurückzubekommen. Das kann manchmal zu Selbstmitleid führen. Partei zu ergreifen fällt Ihnen schwer, denn Sie wollen mit allen gut Freund sein – ganz gleich, ob diese im Recht sind oder nicht.

„Ego“-Zahl 11
Sie besitzen viel Energie, und wenn sie dafür nicht das richtige Betätigungsfeld finden, kann sie Nervosität verursachen. Führungsqualitäten gehören zu Ihren Eigenschaften – ein dominierender Charakterzug, der sich gelegentlich in egozentrisches Verhalten ändern kann. Sie haben gerne Menschen um sich und möchten ihnen etwas bedeuten. Das Mystische und Unsichtbare zieht Ihre Aufmerksamkeit an, was dazu führt, daß Sie Ihrem Wesen nach ein bißchen träumerisch und unpraktisch sind. Sie sind sehr empfänglich für die Gefühle der Menschen in Ihrer Umgebung. Es besteht eine gegenseitige Anziehung zwischen Ihnen und den anderen. Sie haben eine uneingeschränkte Vorstellungskraft und können vieles erreichen, wenn Sie zusätzlich Ihre Vorahnungen und intuitiven Wahrnehmungen einsetzen.

„Ego“-Zahl 33
Solange Sie sich unter Kontrolle haben, geht alles gut. Sie sind vielseitig begabt, und Ihre Aufgabe könnte zum Beispiel eine wichtige Beraterfunktion in der Gesellschaft sein. Sie haben

großartige Ideale und Einfälle, die jedoch aufgrund mangelnder Ausdauer oft nur als Idee bestehen bleiben und nicht in die Realität umgesetzt werden. Sie sind romantisch, originell und künstlerisch veranlagt. Alles Kindliche und Naive zieht Sie an. Oft sind Sie impulsiv und bilden sich voreilig eine Meinung. Sie haben Freunde, die jedoch Ihre hochgestellten Erwartungen normalerweise nicht erfüllen können. Neid und Eifersucht einerseits und Bewunderung und Großzügigkeit andererseits sind Gefühle, mit denen Sie oft nicht umzugehen wissen.

7.2.7 Bedeutung der Wohnortzahlen

Durch den Einfluß des Wohnorts wird ein bestimmter Charakterzug eines Menschen verstärkt. Dies kann einer der Gründe sein, warum man sich an einem Wohnort nicht wohl fühlt.

Wohnortzahl 1
Durch diesen Wohnort können Eigenschaften wie Selbständigkeit, Fortschrittlichkeit und Kreativität angeregt werden.

Wohnortzahl 2
Dieser Wohnort unterstützt die Entwicklung von Eigenschaften wie taktvolles Verhalten und die Fähigkeit zur Kooperation.

Wohnortzahl 3
An diesem Ort finden Sie die optimalen Gelegenheiten, sich auszudrücken.

Wohnortzahl 4
Durch den Einfluß dieses Wohnorts sind Details besonders wichtig. Hier wird ein großes Maß an Aktivität angeregt.

Wohnortzahl 5
Durch diesen Wohnort wird die Flexibilität, der richtige Umgang mit anderen und mit Verantwortung günstig beeinflußt.

Wohnortzahl 6
Der Einfluß dieses Wohnorts verstärkt speziell Ihr Bedürfnis, ein Zuhause zu haben, und die Bindungen, die Sie hier eingehen, werden nicht so leicht aufgelöst.

Wohnortzahl 7
An diesem Wohnort wird bei Ihnen das Gefühl verstärkt, Sie müßten sich auf sich selbst verlassen. Dadurch kann Ihre Objektivität und Ihr Urteilsvermögen entwickelt werden.

Wohnortzahl 8
Dieser Ort wirkt sich besonders auf Ihr Organisationstalent und Führungsqualitäten aus. Zudem wird die Kreativität angeregt.

Wohnortzahl 9
Durch diesen Wohnort wird Ihre Aufmerksamkeit auf die Natur gelenkt und speziell das natürliche Gesetz von Ursache und Wirkung verstärkt. Dieser Einfluß kann Heimweh und Sentimentalität hervorbringen.

Wohnortzahl 11
Intuition, Vorstellungskraft und Spiritualität werden durch diesen Wohnort günstig beeinflußt. Auch Ihre Aktivität wird durch die Energie dieses Ortes angeregt.

Wohnortzahl 22
Der Einfluß dieses Ortes bereichert Ihre Energie, wenn Sie sich dafür öffnen. Auch werden Eigenschaften wie Analyse und technische Begabung angeregt.

Wohnortzahl 33
Der Einfluß dieses Ortes ist energetisch sehr stark. Wenn Sie noch nicht richtig damit umgehen können, kann das zu Verwirrung und Unsicherheit führen. Eigenschaften wie Lehren und Beraten können durch diesen Wohnort gestärkt werden.

8. Zusätzliche Informationen und Erläuterung der Zahlentabelle

Die Basis der numerologischen Berechnung sind die *fünf Grundzahlen*: die Seelen-, Verhaltens-, Entwicklungs-, Ziel- und Lebenslaufzahl, deren Auswirkungen durch die entsprechenden *Farben, Halbedel- und Edelsteine* und *Planeten* unterstützt werden. Dies wird in einem späteren Abschnitt erläutert.

Zusätzlich kann die Bedeutung des *ersten Vokals im heute gebräuchlichen Namen* mit der Bedeutung der Grundzahlen verglichen werden. Dadurch erhält man weitere Angaben zur Lebenseinstellung des betreffenden Menschen.

Auch *Wörter* haben einen numerologischen Wert, der Auskunft darüber gibt, ob ein Thema oder ein Gegenstand zu dieser Person paßt und welcher Einfluß ausgeübt wird.

Hier könnte man einwenden, daß dies aufgrund der unterschiedlichen Schreibweisen in den verschiedenen, gebräuchlichen Sprachen nicht gelten kann. So hat zum Beispiel das englische Wort „*chair*" den Zahlenwert 3 + 8 + 1 + 9 + 9 = 30 = 3 + 0 = 3 und das deutsche Wort „*Stuhl*" den Wert 1 + 2 + 3 + 8 + 3 = 17 = 1 + 7 = 8. Die Unterschiede in der Mentalität der einzelnen Länder haben auch zur Folge, daß viele „Dinge" verschieden betrachtet werden.

Wenn man zum Beispiel den Zahlenwert für das Wort „*Apfelsine*" berechnet, erhält man das folgende Ergebnis: 1 + 7 + 6 + 5 + 3 + 1 + 9 + 5 + 5 = 42 = 4 + 2 = 6. Hat die betreffende Person Appetit auf Apfelsinen oder mag sie diese Frucht nicht? Eine Apfelsine wirkt bei vielen Menschen verdauungsfördernd. Hier kann man sich fragen, ob man zu viel oder zu wenig zurückhält, weil man bestimmte Dinge nicht verarbeiten kann (oder will). Nun überprüft man alle numerologischen Zahlen und beachtet speziell die Werte, die die Zahl 6 enthalten. Auf diesen Bereich (oder diese Bereiche) sollte man verstärkt seine Aufmerksamkeit richten, um hier mehr Stabilität und Ausgeglichenheit zu erlangen. Ein weiteres Beispiel ist das Wort „*Com-*

puter", das folgenden Zahlenwert hat: 3 + 6 + 4 + 7 + 3 + 2 + 5 + 9 = 39 = 12 = 3. Mit einem Computer kann man die verschiedensten Dinge tun, wodurch Kreativität, Erfindungsgabe und die Fähigkeit zu kommunizieren besonders angeregt werden können. Wird das Wort Computer mit „*K*" geschrieben, erhält man den Zahlenwert 11, der darauf hinweist, daß die Übertragung von Informationen mit Hilfe des Computers unterstützt wird. Man denke dabei vor allem an Computernetzwerke, über die neue Informationen schnell verbreitet werden.

In unserem Leben gibt es die verschiedensten *Nummern*, wie zum Beispiel Kontonummer, Telefonnummer oder Hausnummer, und man kann beispielsweise nachprüfen, ob die Telefonnummer des Betreffenden mit seinem Verwendungszweck des Telefons übereinstimmt. Wie steht es mit dem Wohnort dieser Person? Ist die Hausnummer passend zu diesem Ort? Wie lautet die Kontonummer? Ist beispielsweise bei einem Sparkonto der Zweck des Sparens aus der Nummer ersichtlich? All diese Zahlen können geändert werden. Dabei ist vor allem zu beachten, daß die numerologischen Werte dieser Zahlen mit den wichtigsten numerologischen Zahlen der betreffenden Person verglichen werden.

8.1. Berechnen von zusätzlichen Zahlenwerten

8.1.1 Bestimmen des ersten Vokals

Hier verwendet man den ersten Vokal des ersten, heute gebräuchlichen Vornamens. Folgt *unmittelbar ein zweiter Vokal*, werden *diese beiden Selbstlaute zusammengefaßt.* Beispiele:

CLAUDIA	= AU
JOACHIM	= OA
BEATE	= EA

8.1.2 Bedeutung der Zahlentabelle

Anhand der Zahlentabelle für die einzelnen Buchstaben kann man feststellen, *wie oft* ein bestimmter numerologischer Wert zum Beispiel im Geburtsnamen erscheint. Diese Verteilung der

Werte gibt Auskunft darüber, welche Charaktereigenschaften am stärksten beziehungsweise am schwächsten und/oder gar nicht entwickelt sind.

Wenn beispielsweise B (= 2) einmal und A (= 1) sechsmal vorkommt, dann sind vermutlich die Eigenschaften der Zahl 1 wesentlich stärker als die der Zahl 2 vertreten.

Eine fehlende Zahl zeigt an, daß hier eine Lebenslektion auszuführen ist. Sind alle Zahlen vorhanden, repräsentiert die schwächste Zahl (Zahlen) die Lebenslektion. Außerdem kann mit der Zahlentabelle die *Primärreaktionszahl* errechnet werden, indem man feststellt, welcher numerologische Wert(e) im Geburtsnamen fehlt und diesen Null-Wert von der *universalen Zahl 9* subtrahiert. Das Ergebnis ist die Primärreaktionszahl.

Der numerologische Wert 11 wird der Zahl 2 und der Wert 22 der Zahl 4 zugeordnet, und man kann mit den Werten 2 und 4 einen *Code* für 11 = K und 22 = V festlegen. Dieser Code gibt an, wie oft im betreffenden Geburtsnamen der Wert 22 und/oder der Wert 11 vorkommt.

Beispiel: 1K-2 bei Wert 2 bedeutet, daß der Wert 11 in einem Namen, in dem der Wert 2 zweimal erscheint, einmal vorkommt.

Oder: 2V-5 bei Wert 4 bedeutet, daß der Wert 22 in einem Namen, in dem der Wert 4 fünfmal erscheint, zweimal vorkommt.

Die Berechnung der Mehrzahl der numerologischen Zahlen basiert auf der bereits genannten Zahlentabelle für die einzelnen Buchstaben.

ALEXANDER MICHAEL MERKEL-BARTH

1	A, A, A, A	4
2	B, T, K (11)	1K-3
3	L, L, L, C	4
4	D, M, M	3
5	E, E, E, E, E, N	6
6	X	1
7		0
8	H, H	2
9	R, R, R, I	4

8.1.3 Berechnen der numerologischen Werte von Wörtern

Den numerologischen Wert eines Wortes errechnet man durch Addieren der Werte der einzelnen Buchstaben und Reduzieren der Summe auf einen numerologischen Wert.

W A S S E R
5 + 1 + 1 + 1 + 5 + 9 = **22**

8.1.4 Berechnen der numerologischen Werte von Nummern

Den numerologischen Wert einer Nummer errechnet man durch Reduzieren dieser Zahl auf einen numerologischen Wert.

Nummer:	0 3 6
	0 + 3 + 6 = **9**
Telefonnummer:	1 2 3 8 7 7 7
	1 + 2 + 3 + 8 + 7 + 7 + 7 = 35 = 3 + 5 = **8**
Paßnummer:	0 9 J K 4 8 2 2
	0 + 9 + 1 +11+ 4 + 8 + 2 + 2 = 37 = 3 + 7= 10
Endwert:	1 + 0 = **1**

8.2 Bedeutung der Farben, Halbedel- und Edelsteine und Planeten

Der Einfluß der fünf Grundzahlen kann durch Farben, Planeten und Steine geschwächt oder verstärkt werden. Jede Farbe hat ihre spezielle Bedeutung und gehört zu der Zahl mit denselben Eigenschaften. Dasselbe gilt für die Steine, die nicht unbedingt mit den Farben, jedoch mit den Merkmalen der Zahlen übereinstimmen. Im folgenden Abschnitt werden nur die gängigsten Steine erläutert, obwohl eine Vielzahl von Steinen verwendet werden kann. Wenn eine bestimmte Eigenschaft gestärkt und unterstützt werden soll, kann der entsprechende Stein, der dieses Merkmal fördert, getragen werden. Es ist empfehlenswert, jeweils nur einen Stein zu tragen, da mehrere Steine gegenseitig ihre Wirkung aufheben können. Beim Auswählen des passenden Steines läßt man sich am besten von seinem Inneren leiten; der Stein sollte sich gut anfühlen.

Zahl 1

Rot: Diese Farbe steht für Willensstärke und Führungsqualitäten. Der Planet *Sonne* zeigt an, daß Sie erfinderisch und kreativ sind und sehr viel Energie besitzen. Weitere Aspekte dieser Zahl sind Eigenschaften wie Faulheit und Egoismus.

Ein dazu passender Edelstein ist der *Granat*, der Willensstärke und Erforschen neuer Wege fördert. Er unterstützt das Herz, speziell den Herzschlag, gibt neuen Schwung und weckt die Lebensgeister, wenn man deprimiert und mutlos ist.

Zahl 2

Orange: Diese Farbe erhält man durch Mischen von Rot und Gelb. Orange steht für Anpassung und Ausgeglichenheit. Der *Mond* ist der entsprechende Planet zu dieser Zahl, und sein Einfluß kann wechselnde Stimmungen bewirken. Auch unterstützt er die Fähigkeit, andere zu verstehen und zu schätzen. Hier ist die Sensibilität sehr ausgeprägt. Weitere Aspekte des Mondes sind mangelndes Taktgefühl und Unentschlossenheit.

Ein dazu passender Edelstein ist der *Mondstein*. Er wirkt speziell bei fehlendem Gleichgewicht sehr unterstützend. Nervosität kann zu Magenbeschwerden führen, vor allem wenn sie durch extreme Sensibilität verursacht wird; auch hier hat der Mondstein einen heilenden Einfluß.

Zahl 3

Gelb: Diese Farbe gehört zu Ihnen und zeigt, daß Sie ein optimistischer und freundlicher Mensch sind. Der Planet *Venus* schenkt Ihnen Kreativität und die Fähigkeit zu erkennen, daß in allem etwas Wertvolles und Liebenswertes vorhanden ist.

Ein dazu passender Edelstein ist der *Olivin*, der Ihnen hilft,

Ihre Energie, vor allem durch die Sprache, auszudrücken. Mit Hilfe dieses Steines wird die Aufmerksamkeit mehr nach innen gelenkt, so daß äußere Angelegenheiten unwichtiger werden. Der Olivinstein unterstützt auch die Inspiration.

Zahl 4

Grün: Diese Farbe steht für Ruhe, Wachstum und Heilung. Der Planet *Saturn* fördert Wachstum und spezielle Eigenschaften wie: einen Blick für Details haben, systematisch arbeiten und diszipliniert sein. Weitere Aspekte dieser Zahl sind Kleinlichkeit und die Tendenz, immer im selben Trott zu leben.

Ein dazu passender Edelstein ist der *Aventurin*, der hilft, Zärtlichkeit, speziell bei körperlichem Kontakt, anzunehmen. Außerdem regt er an, scheinbar unwichtige und doch wesentliche Details zu „sehen".

Zahl 5

Türkis: Diese Farbe steht für Eigenschaften wie Ruhelosigkeit und Wankelmut. Der Planet *Mars* fördert vorhandene Energie und die Bereitschaft zu lernen. Weitere Aspekte sind gelegentliche Gefühlsausbrüche und unverantwortliches Verhalten.

Ein dazu passender Edelstein ist der *Achat*. Dieser Stein hilft bei Hörschwierigkeiten (bestimmte Dinge will man nicht hören) und bei Sehstörungen (bestimmte Dinge will man nicht sehen). Man kann zwar versuchen, mit allen möglichen Mitteln, die zur Gewohnheit (Sucht) werden können, die Realität beziehungsweise Verantwortung zu meiden; dies führt jedoch zur Vergiftung. In diesem Fall wirkt der Achat der Vergiftung entgegen.

Zahl 6

Königsblau: Diese Farbe steht für ruhiges, bedächtiges und respektvolles Abwägen einer Sache. Aufgrund des Planeten *Jupiter* sind Sie oft bereit, anderen zu helfen. Ihre Zuneigung zeigen Sie nicht immer auf eine für andere verständliche Art; dies kann für andere bedrückend sein.

Ein dazu passender Edelstein ist der *Rosenquarz*, der künstlerische Begabung und intellektuelle Klarheit fördert sowie Kopfschmerzen vorbeugt. Auf diese Weise wirkt er bei Nervosität beruhigend.

Zahl 7

Violett: Diese Farbe wirkt sich sowohl auf das Körperliche als auch auf das Spirituelle aus und fördert den Forschergeist und das analytische Denken. *Merkur* zeigt an, daß Sie aus Angst und Unsicherheit unter Gefühlsausbrüchen leiden können.

Der entsprechende Edelstein ist der *Amethyst*, der eine reinigende Wirkung hat. Gedanken, die ständig im Kopf kreisen und zu Schlaflosigkeit, Kopfschmerzen oder Migräne führen können, werden aussortiert. Außerdem unterstützt der Amethyst die Entgiftung des Körpers und stärkt das Sehvermögen. Er regt die Objektivität an und hilft, Illusionen aufzulösen.

Zahl 8

Rosa: Diese Farbe ist eine Mischung aus Rot und Weiß und unterstützt Eigenschaften wie Großzügigkeit und Erfindungsgeist. Durch die *Sonne* wird die Energie verstärkt und Kreativität und Führungsqualitäten gefördert. Jedoch können Sie auch gelangweilt und mißtrauisch sein.

Ein unterstützender Edelstein ist der *Bergkristall*, der besonders blutdrucksenkend und nervenberuhigend wirkt und sich speziell für extrem strebsame Menschen eignet. Außerdem hilft er bei Verdauungsstörungen, vor allem wenn man seine Erfahrungen nicht verarbeiten kann (festhalten – loslassen).

Zahl 9

Goldgelb: Diese Farbe besteht aus den Schwingungen aller Farben und ist die Quelle aller verschiedenen Lebensformen. Sie besitzen sehr viel Energie, sind sehr vielseitig und können anderen verzeihen. Als entgegengesetzte Auswirkung können Bitterkeit und Gefühlsausbrüche aufgrund aufgestauter Aggression und Enttäuschung auftreten. Der Zahl 9 ist kein spezieller Planet zugeordnet, denn er umfaßt die Strahlungen aller Planeten.

Ein dazu passender Edelstein ist der *Onyx*, der hilft, die Lebenserfahrungen zu verarbeiten und sie auf der inneren Ebene zu verstehen. Außerdem fördert dieser Stein wirklich aufmerksames „Zuhören“ und gibt Mut, „die Dinge so zu sehen, wie sie wirklich sind“. Er wirkt sich heilend auf das Hören und Sehen aus.

Zahl 11
Silber: Diese Farbe steht für eine starke Anziehungskraft auf andere und angeborene Freiheit im Denken und Handeln. Durch den Planet *Neptun* werden Eigenschaften wie starke Intuition, Inspiration und Herrschen angeregt. Im Gegensatz dazu fehlt Ihnen möglicherweise die Fähigkeit, ein Gleichgewicht zwischen „Wirklich" und „Unwirklich" herzustellen, was zu wirren Gedanken und Depression führen kann.

Der dazu passende Edelstein ist der *Rhodonit*, der hilft, alle unerwünschten äußeren Einflüsse abzuschirmen und das Gleichgewicht zwischen verschiedenen, starken Gefühlen herzustellen. Auf das Nervensystem hat dieser Stein eine heilende Wirkung.

Zahl 22
Rotgold: Diese Farbe steht für die folgenden Eigenschaften: beachtet sein wollen, sehr aktiv sein und Gelegenheiten suchen, um die Aufmerksamkeit anderer auf sich zu ziehen. Diese Merkmale werden durch den Planet *Uranus* verstärkt. Zuerst muß alles zusammenbrechen (auch der Mensch selbst), damit später etwas Neues, Zufriedenstellenderes aufgebaut werden kann. Der Einfluß dieses Planeten kann auch bestimmte Gefühle, wie leicht verletzt sein, sich gelangweilt fühlen oder nervös sein, hervorrufen.

Der entsprechende Edelstein ist der *Turmalin*, der hilft, das Gleichgewicht wiederherzustellen oder zu finden und die enorme vorhandene Energie auszudrücken. Hautbeschwerden wie Warzen können mit diesem Stein geheilt werden, der auch bei Depressionen, die durch blockierte Energie verursacht werden, eine heilende Wirkung hat.

Zahl 33
Himmelblau: Die wichtigste Eigenschaft, die diese Farbe repräsentiert, ist die Seelenruhe und das große Vertrauen, daß man immer alles bekommt, was man verdient. Der Planet *Pluto* weckt den Wunsch, sich von anderen zurückzuziehen und doch Teil des Ganzen zu sein. Sie haben viele Ideen, setzen sie jedoch nicht um. Dies kann zu Nervosität führen.

Der dazu passende Edelstein ist der *Lapislazuli*, der insbesondere hilft, Selbstvertrauen zu bekommen oder wiederzufinden. Menschen mit dieser Zahl besitzen extrem viel Energie, die jedoch auch zu Gefühlen der Niedergeschlagenheit führen kann. Dieser Stein hilft, die Ursachen, die diese Gefühle hervorrufen, zu finden, so daß es möglich ist, bewußt daran zu arbeiten. Außerdem kann er zu starke Spannungen im Kopf (Epilepsie) vermindern helfen.

8.3 Bedeutung der ersten Vokale

Der erste Vokal gibt Auskunft über die Haltung und die *Seele* eines Menschen. Außerdem kann man daraus mehr über die *Lebenseinstellung* der betreffenden Person erfahren.

A

Sie sind unabhängig, aber auch herzlich. Sie lieben Herausforderungen und leben sehr intensiv. Ihre Gefühle sind tiefgehend, und Sie sind leicht verletzbar. Sie haben Ihre eigene Meinung, sind jedoch bereit, diese zu ändern, wenn man Sie eines Besseren belehrt. Hinsichtlich Ihrer Ideen sind Sie anderen immer ein Stück voraus. Bei Diskussionen sagen Sie sehr offen Ihre Meinung.

AA

Doppellaut. Sie sind sehr spontan und beliebt. Ihre Emotionen sind sehr wechselhaft, einmal sind Sie himmelhoch jauchzend, und ein anderes Mal zu Tode betrübt. Sie haben geniale Ideen, sind jedoch oft zu ungeduldig, um sie tatsächlich umzusetzen.

AE

Doppellaut. Sie sind in angemessenem Maß aktiv und lieben Veränderungen in Ihrem Leben. Im Umgang mit Geld sind Sie oft zu impulsiv. Sie halten nicht immer, was Sie versprechen, und machen gewöhnlich das, was Sie wollen.

AI

Doppellaut. Sie können Ihre Ideen umsetzen, vorausgesetzt, daß Sie sich zu etwas entschließen. Normalerweise steht Ihnen Ihre Unentschlossenheit bei der Realisierung Ihrer Ideen im Weg.

AO

Doppellaut. Sie sind ein sehr energievoller Mensch, der gerne verantwortungsvolle Aufgaben übernimmt und auch fähig ist, große Verantwortung zu tragen. Es fällt Ihnen nicht leicht, über Ihre Gefühle zu sprechen, und Sie neigen dazu, sich zurückzuziehen.

AU

Doppellaut. Sie haben ein starkes Bedürfnis, sich auszudrükken, und besitzen sehr viel Intuition, was oft zu Nervosität führen kann.

AY

Doppellaut. Sie reden oft sehr klug, halten sich jedoch selbst oft nicht an das, was Sie predigen. Ihre Worte beruhen meist auf Ihrer intuitiven Wahrnehmung und nicht auf Ihren Erfahrungen. Sie versuchen, Ihre Gefühle zu verdecken und gehen Konflikten aus dem Weg. Oft fühlen Sie sich einsam, weil Sie sich nicht aktiv am Leben beteiligen.

E

Sie haben ein starkes Bedürfnis nach Abwechslung und Vielfalt, und lieben die Freiheit. Sie empfinden alles Routinemäßige schnell als langweilig, sind kreativ und oft ein bißchen berechnend. Anderen erscheinen Sie als unabhängig, und Sie kümmern sich meist nicht darum, was Ihre Umgebung von Ihnen hält. Sie neigen dazu, Ihrem Körper zu viel oder zu wenig Aufmerksamkeit zu widmen (was zum Beispiel das Essen, Trinken, Sexualität und so weiter betrifft).

EA

Doppellaut. Sie lehnen Bindungen ab und lieben Ihre Unabhängigkeit, sowohl im körperlichen als auch im spirituellen Bereich. Sie sind kreativ und besitzen viel Intuition. Wenn Sie wollen, können Sie in vielen Bereichen Beträchtliches erreichen.

EE
Doppellaut. Sie brauchen zahlreiche, vielseitige Kontakte und sind sowohl körperorientiert als auch spirituell. Mit materiellen Dingen und auch mit Menschen gehen Sie verschwenderisch um.

EI
Doppellaut. Sie besitzen sehr viel Energie und leben äußerst intensiv. Sie können Ihre Energie sowohl konstruktiv als auch zerstörerisch einsetzen und sind manchmal jähzornig.

EO
Doppellaut. Die Sehnsucht nach einem freien und unabhängigen Leben einerseits und das Übernehmen von Verpflichtungen andererseits kann bei Ihnen zu inneren Schwierigkeiten führen. Aber gerade deshalb sind die Möglichkeiten, tiefe Einsichten zu gewinnen, sehr groß.

EU
Doppellaut. Sie lieben Veränderungen und gehen Konfrontationen am liebsten aus dem Weg. Sie brauchen viele Freunde; das ist Ihre persönliche Art, sich auszudrücken.

EY
Doppellaut. Sie sind Ihrem Wesen nach intuitiv und moralisierend. Ihre Lebensweise widerspricht oft Ihren Ansichten vom Leben. Einerseits wollen Sie Ihre Meinung jeden Moment ändern können und andererseits meinen Sie, daß Sie sich klare Ziele setzen und eine eindeutige Richtung gehen sollten.

I
Sie sind sehr sensibel und leicht verletzbar. Sie besitzen eine starke Intuition, sind äußerst impulsiv und handeln dementsprechend. Sie urteilen so selten wie möglich verstandesmäßig. Möglicherweise spüren Sie Dinge ohne offensichtlichen Grund und haben die Fähigkeit, im wahrsten Sinne des Wortes mit dem anderen mitzufühlen.

IA
Doppellaut. Sie versuchen immer wieder, Ihre sehr starken Emotionen unter Kontrolle zu halten. Sie finden regelmäßig

Gelegenheiten, Ihre Ideen zu verwirklichen, und können Ihre Energie sowohl konstruktiv als auch zerstörerisch einsetzen.

IE

Doppellaut. Bei Ihnen sind im allgemeinen die Gedanken stärker als die Gefühle. Ihre Stimmungen schwanken von weich und freundlich bis zu ärgerlich und verletzend, wenn Sie nicht bekommen, was Sie wollen. Sie hassen ein langweiliges und farbloses Leben und bevorzugen Abwechslung und Zerstreuung.

IO

Doppellaut. Sie sind ziemlich gefühlvoll. Oft drehen sich Ihre Gedankengänge immer wieder im Kreis. Wenn Sie Ihre Gefühle zu lange aufstauen, haben Sie oft nur noch den einen Ausweg – zu explodieren. Jedoch können Sie auch sehr begeisterungsfähig und freundlich sein.

O

Sie halten sich oft an einer Sache auf, und es fällt Ihnen nicht leicht, sich auszudrücken. Sie sind gefühlvoll und oft von vornherein mißtrauisch. Ihr Zuhause und auch Ihre soziale Stellung sind für Sie sehr wichtig.

OA

Doppellaut. Sie gehen selbstsicher und zielbewußt Ihren Weg. Sie sind ausdauernd und in Ihren Unternehmungen erfolgreich. Ihre Emotionen sind oft stärker als Ihre Intuition, wodurch Minderwertigkeitsgefühle und Unsicherheit entstehen können.

OE

Doppellaut. Sie lassen sich einerseits gehen, halten jedoch andererseits bestimmte Aspekte von sich ängstlich vor anderen verborgen. Sie vertrauen sich selten nur einem einzigen Menschen an. Sie wären am liebsten unabhängig, obwohl Sie auch dazugehören möchten und gerne für eine wichtige Aufgabe zuständig wären.

OI

Doppellaut. Sie sind von Natur aus freundlich und hilfsbereit und freuen sich, wenn andere Sie um Hilfe bitten. Sie sind neugierig und können normalerweise die Gedanken anderer „lesen“. Oft sind Sie altmodisch und sentimental und neigen dazu, sich allzu sehr mit Vergangenheit und Zukunft zu beschäftigen.

OO

Doppellaut. Sie verfügen über sehr viel Inspiration. Sie können sich auf künstlerische Weise ausdrücken und sind gerne kreativ tätig. Oft nehmen Sie zuviel Verantwortung auf sich und neigen dazu, anderen ihre Sorgen und Probleme abzunehmen.

OU

Doppellaut. Sie sind sehr vielseitig und deshalb auch etwas oberflächlich. Sie versuchen, sich möglichst viel auszudrükken, und wollen sowohl in körperlicher als auch geistiger Hinsicht zahlreiche Erfahrungen sammeln. Sie haben ein musikalisches Gehör. Sie bringen oft Verwirrung in Ihr eigenes Leben und in Ihre Umgebung.

OY

Doppellaut. Sie neigen dazu, ziemlich konservativ zu predigen, handeln aber oft vollkommen anders. Entscheidungen zu treffen ist nicht Ihre starke Seite. Sie interessieren sich für alles Mystische, was Sie stark inspirieren kann.

U

Sie sind sehr gefühlvoll und empfänglich. Das Unbekannte, das heißt, alles, was Sie nicht so leicht erklären können, macht Ihnen Angst. Sie ändern oft Ihre Meinung und suchen den Umgang mit anderen, um sich selbst ausdrücken zu können.

UA

Doppellaut. Sie sind wechselhaft und unentschlossen, vor allem aufgrund Ihrer starken Gefühle, die Ihre Intuition immer wieder niederdrücken. Wenn Sie sich aber einmal zu etwas entschlossen haben, setzen Sie alles daran, Ihr Ziel zu erreichen, und es gibt kaum etwas, was Sie davon abhalten kann. In Kontakt mit anderen sind Sie entweder sehr vertrauensvoll oder sehr distanziert.

UE

Doppellaut. Sie sind sehr vielseitig und besitzen viel Energie. Jedoch neigen Sie dazu, sich aufgrund dieser starken Energie zu sehr im körperlichen Bereich auszudrücken. Dabei wird die spirituelle Seite übergangen, und es können innere Konflikte entstehen. Da Sie sich gut ausdrücken können, können Sie erfreuliche Ergebnisse erreichen.

UI

Doppellaut. Sie sind besonders sensibel und sehr impulsiv und können Ihre Energie vielseitig einsetzen. Möglicherweise führen Sie ein lockeres und oberflächliches Leben. Oft sind Sie mit sich selbst uneins, was jedoch meist erst hinterher offensichtlich wird.

UO

Doppellaut. Sie brauchen sehr viel Aufmerksamkeit, sind kreativ und an vielen Themen interessiert. Besonders lieben Sie Poesie und Kunst. Sie sind nicht gerne allein und genießen die Gesellschaft anderer. Ihre mutlosen Augenblicke können schnell mit phantastischen, klaren und inspirierenden Momenten abwechseln.

UU

Doppellaut. Sie haben ein starkes Bedürfnis, sich auszudrükken, und wenn dies nicht immer gleich möglich ist, werden Sie nervös und leicht chaotisch. Sie neigen dazu, in Freundschaften ihre Unabhängigkeit zu wahren.

UY

Doppellaut. Sie haben gute Ideen und besitzen Inspiration. Oft wissen Sie sehr genau, wie etwas gemacht werden sollte, können aber in der Praxis oft enttäuscht sein. Dann verschließen Sie lieber Ihre Augen vor der Realität.

Y

Sie haben eine gute Vorstellung, wie etwas zu tun ist, und dies verschafft Ihnen Respekt. Jedoch leben Sie das, was Sie wissen, in der Praxis oft nicht, denn festgelegte Regeln und Bestimmungen sind Ihnen zuwider. Sie haben Intuition und sind in Ihrem Charakter etwas unsicher. Sie würden sich gerne viel Wissen durch intensives Studieren aneignen.

YA
Doppellaut. Sie zweifeln oft. Sollen Sie diesen Beruf ergreifen oder nicht? Sie würden lieber die entsprechenden Anweisungen geben, damit jemand anderes den Beruf ausüben kann. Normalerweise stehen Sie zu dem, was Sie sagen. Man kann sich auf Sie verlassen.

YE
Doppellaut. Sie lehnen Bindungen ab und umgehen normalerweise Absprachen, die Sie zu etwas verpflichten. Wenn Sie gefragt werden, geben Sie gerne Ratschläge, die jedoch mehr theoretisch als praktisch sind.

YO
Doppellaut. Sie haben immer eine Lösung für die Probleme anderer. Sie fühlen sich in Gruppen wohl, solange Sie die Führung haben! Es fällt Ihnen schwer zu delegieren, so daß Sie mehr übernehmen, als Sie verkraften können.

9. Zahlenvergleich

Zur Erstellung einer numerologischen Analyse sollten die einzelnen Zahlen und deren Bedeutungen miteinander verglichen werden und ein angemessenes Wissen über die *Bedeutung der Zahlen* vorhanden sein. Aus den Erläuterungen in diesem Abschnitt ist ersichtlich, ob zwei miteinander verglichene Zahlen harmonieren oder nicht.

Hierbei gelten die folgenden Ausgangspunkte:

Gerade Zahlen stehen im allgemeinen für einen passiven und *ungerade Zahlen* für einen aktiven Charakter.

11 und *1* harmonieren mit jeder anderen Zahl und haben auf andere Zahlen immer eine anregende Wirkung.

3, *6* und *9* harmonieren gut miteinander, da jede der Zahlen auch die Eigenschaften der anderen Zahlen enthält.

7 ist grundsätzlich eine aktive Zahl, bezeichnet jedoch nur das Aktivsein im „Denken" und ist ihrem Wesen nach ziemlich introvertiert.

8 ist grundsätzlich eine passive Zahl, wird jedoch aktiv, wenn es in materiellen Dingen etwas zu organisieren gibt und die Führung übernommen werden kann.

9.1 Bedeutung des Zahlenvergleichs

1 mit jeder anderen Zahl ist *harmonisch*. Sie wirkt belebend und eignet sich deshalb für jede Zahlenkombination.

2 mit 2 ist *harmonisch*. Eine ideale Kombination, die jedoch auch starke Emotionen enthält.

2 mit 3 ist *disharmonisch*. Perfektion kann nicht leicht mit Oberflächlichkeit vereinbart werden. Außerdem ist die 2 gewöhnlich taktvoll und die 3 oft taktlos.

2 mit 4 ist *harmonisch.* Eine gute Kombination: diese beiden Zahlen bieten eine gute Möglichkeit, gemeinsam zu wirken, und bereits begonnene Aufgaben können erfolgreich abgeschlossen werden.

2 mit 5 ist *disharmonisch.* Bei der 2 stehen die Emotionen offensichtlich im Vordergrund; dies läßt sich jedoch nicht leicht mit der Spannung vereinbaren, die die 5 durch die konkrete Realität erfährt. Dadurch können viele Mißverständnisse entstehen.

2 mit 6 ist *harmonisch* und stellt eine gute Kombination dar. Beide Zahlen beziehen sich besonders auf Emotionen und Intuition und haben friedliche Absichten.

2 mit 7 ist sowohl *harmonisch* als auch *disharmonisch.* Die passive 2 liebt die Zusammenarbeit mit anderen, während die aktive 7 es vorzieht, selbständig zu arbeiten. Die 2 drückt ihre Gefühle schnell aus, wohingegen die 7 sie eher für sich behält. Das „Unsichtbare" zieht jedoch beide an.

2 mit 8 ist sowohl *harmonisch* als auch *disharmonisch.* 2 und 8 passen sich leicht an und kommen schnell miteinander aus. Die Vorliebe für Details der Zahl 2 ist eine ideale Ergänzung für die fehlende Achtsamkeit für Einzelheiten der 8. Im emotionalen Bereich kann es hier Probleme geben. Die aktive Zahl 8 findet die Gefühlsduselei der passiven 2 verrückt, wohingegen die Zahl 2 die 8 für zu hart und zu wenig rücksichtsvoll findet. Die 2 hat wirklich zu wenig Selbstbewußtsein, wohingegen die 8 oft zu viel Selbstwertgefühl hat.

2 mit 9 ist *disharmonisch*, da die 2 von Natur aus passiv und die 9 aktiv ist. Die 9 ist im Gegensatz zu der 2 sehr vielseitig. Beide unterliegen oft starken Stimmungsschwankungen.

2 mit 11 ist *harmonisch*, nicht so sehr aufgrund der übereinstimmenden Eigenschaften dieser beiden Zahlen (11 ist eine starke 2 und ist deshalb in Harmonie mit 2), sondern weil 11 eine Zahl mit sehr vielen Möglichkeiten ist. Deshalb harmoniert diese Zahl, wenn sie dazu bereit ist, mit jeder anderen Zahl.

2 mit 22 ist *harmonisch.* Auch hier stimmen die Eigenschaften überein (siehe auch 2 mit 4, denn 22 ist eine starke 4), aber vor allem ist die Zahl 22 vorhanden. Da sie über viele Möglichkeiten verfügt, kann man sagen: „Wo ein Wille ist, ist auch ein Weg."

2 mit 33 ist *harmonisch,* weil 33 eine starke 6 ist (siehe auch 2 mit 6). Aufgrund der Zahl 33 sind hier reichlich Möglichkeiten für ein ideales Zusammenwirken gegeben.

3 mit 3 ist *harmonisch,* da beide Zahlen dieselben Eigenschaften haben. Jedoch muß zuviel Oberflächlichkeit vermieden werden.

3 mit 4 ist *disharmonisch.* Der Zahl 3 geht die Kleinlichkeit und Skrupellosigkeit der 4 auf die Nerven, während sich die 4 über die Oberflächlichkeit und Ungeschicklichkeit der 3 aufregt. Diese Kombination von „eilig" und „bedächtig" erschwert ein harmonisches Zusammenwirken.

3 mit 5 ist *harmonisch.* Beide sind aktiv, lieben den Kontakt mit anderen und sind an den körperbetonten und sinnlichen Seiten des Lebens interessiert. Kommen diese beiden Zahlen zusammen, sollte man unverantwortliches und zu impulsives Verhalten vermeiden.

3 mit 6 ist sowohl *harmonisch* als auch *disharmonisch.* Die Zahl 6 setzt sich aus 2 Dreiern zusammen. Die künstlerischen und kreativen Eigenschaften passen gut zusammen, und durch die blühende Phantasie und Vorstellungskraft werden großartige Ergebnisse erzielt. 3 und 6 brauchen den Umgang mit anderen und lieben beide unterhaltsame „Gespräche". Jedoch geht die oft überängstliche 6, die gerne Ratschläge erteilt, der vergnügungssüchtigen 3 auf die Nerven, wobei sich die 6 ihrerseits über das in ihren Augen unverantwortliche Verhalten der 3 aufregt. Die Anteile der beiden Zahlen können stark in Konflikt miteinander sein.

3 mit 7 ist *disharmonisch,* denn es ist sehr schwierig, Spaß mit Ernst zu vereinbaren. In der Praxis ist dies fast unmöglich. Die auffällige und leichtlebige Art der 3 und das zurückhaltende Wesen der 7, die die Öffentlichkeit scheut, sind derart unterschiedlich, daß ein Zusammenwirken äußerst schwierig sein wird.

3 mit 8 ist sowohl *harmonisch* als auch *disharmonisch.* Die Zahl 8 ist ihrem Wesen nach passiv (obwohl es eine gerade Zahl ist), jedoch im materiellen Bereich oft aktiver als die 3. Die Zahl 3 neigt ihrem Wesen nach stark dazu, alles herzugeben und steht am Ende oft mit leeren Händen da („Der Künstler, der arm wie eine Kirchenmaus ist"). Die 8 reagiert darauf aggressiv und kann nicht verstehen, daß man alles so leicht herschenkt, ja fast wegwirft, was man sich zuvor so mühevoll erworben hat.

3 mit 9 ist *harmonisch.* Die beiden Zahlen passen zueinander, obwohl die 9 ein bißchen weniger aktiv als die 3 ist. Beide sind ihrem Wesen nach impulsiv und gefühlvoll und besitzen eine starke Vorstellungskraft. Die Zahl 3 lebt im Hier und Jetzt, wohingegen die 9 eher an der Vergangenheit hängt und lieber eine Wunschrealität anstatt die wirkliche Realität erleben will. Besonders ist auf Eifersuchtsgefühle zu achten, die bei beiden Zahlen latent vorhanden sind.

3 mit 11 ist *harmonisch.* Die Zahl 11 bietet so viele Möglichkeiten zum Zusammenwirken, daß praktisch nichts schiefgehen kann. Jedoch können Probleme durch die große Energie entstehen, die bei beiden Zahlen vorhanden ist, denn wenn dieses Energiepotential zusammenkommt und nicht konstruktiv genutzt wird, kann dies wie ein „Vulkanausbruch" sein und eher zerstörerisch wirken. Die Vorstellungskraft der 3 und die Intuition der 11 sollten deshalb möglichst sinnvoll eingesetzt werden.

3 mit 22 ist sowohl *harmonisch* als auch *disharmonisch.* Die Zahl 22 bietet viele Möglichkeiten, um mit anderen Zahlen zu harmonieren. Beide Zahlen sind aktiv und energiegeladen. Das einzige Problem ist die lässige und oberflächliche Art der 3, die auf die 22 wie ein rotes Tuch wirkt. Andererseits führt die Skrupellosigkeit und Hartnäckigkeit der 22 bei der 3 zu höchster Nervosität.

3 mit 33 ist *harmonisch*. Eine ideale Kombination, sehr harmonievoll! Es fehlt an nichts! Mit ihrer blühenden Vorstellungskraft und ihrer Intuition können hier phantastische Dinge geschaffen werden.

4 mit 4 ist *harmonisch*. Zwei passive Zahlen. Wenn man diesen Menschen einen großartigen Bauplan vorlegt, führen sie ihn perfekt aus.

4 mit 5 ist *disharmonisch*. Das Verantwortungsbewußtsein der 4 steht vollkommen im Gegensatz zur Verantwortungslosigkeit der 5. Die Zahl 4 benutzt meist Kopf und Hände, wohingegen die 5 den ganzen Körper einsetzt, jedoch oft nicht mit dem Kopf bei der Sache ist. Diese Kombination ist zwar möglich, verursacht jedoch einige Schwierigkeiten.

4 mit 6 ist *harmonisch*. Als Ausgangsbasis für ihre Arbeit haben beide Zahlen entweder ihr Zuhause, eine Gruppe oder die Familie. Bei Problemen zerbrechen sie sich den Kopf, um eine Lösung zu finden. Die Schwierigkeit ist nur, daß sich die 4 mit bereits vorhandenen Problemen befaßt und die 6 sich das Gehirn zermartert, wo ein Problem zu finden ist, das gelöst werden muß. Beide Zahlen sind sensibel, wobei die Zahl 6 ihrem Wesen nach eher verträumt ist. Trotzdem ist dies eine recht gute Kombination, vor allem für eine Zusammenarbeit.

4 mit 7 ist sowohl *harmonisch* als auch *disharmonisch*. Auf den ersten Blick nimmt man an, daß eine 4 und eine 7 unmöglich zusammenpassen. Jedoch darf man hierbei nicht vergessen, daß die 7 ziemlich introvertiert ist, körperlichen Kontakt ablehnt und gerne die Dinge analysiert. Die 4 besitzt diese Eigenschaften ebenfalls und hat außerdem gerne friedliche und ruhige Menschen in ihrer Umgebung. Bei beiden Zahlen handelt es sich um tiefgründige Denker. Der Unterschied ist, daß die 7 nicht in problematische Angelegenheiten verwickelt sein will, und es der 4 dagegen nichts ausmacht, sich intensiv mit schwierigen Angelegenheiten auseinanderzusetzen.

4 mit 8 ist sowohl *harmonisch* als auch *disharmonisch*. Beide Zahlen sind unerschütterlich, und man kann sich auf sie verlassen. Jedoch gibt es auch einige Unterschiede. Die 4 ist gewissenhaft und achtet auf alle Details. Für die 8 dagegen ist das Gesamtbild wesentlich wichtiger. Manchmal kann die 4 eifersüchtig auf die Beliebtheit der 8 in ihrer führenden Rolle werden.

4 mit 9 ist *disharmonisch.* Die 4 hält sich an der Gegenwart, am Hier und Jetzt, fest. Die 9 hat bereits alles Materielle losgelassen, hält jedoch oft ein bißchen am Spirituellen fest. Die 4 ist praktisch veranlagt, die 9 unpraktisch. Solch eine Kombination ist nicht unmöglich, weil die Zahlen sich gegenseitig ergänzen, jedoch ist abzusehen, daß es so lange Probleme und Schwierigkeiten gibt, bis das Gleichgewicht zwischen beiden Zahlen gefunden ist.

4 mit 11 ist *harmonisch.* Die Zahl 11 harmoniert immer mit allen anderen Zahlen. Ein zusätzliches Plus dieser Zahlenkombination ist die starke 2, die in der 4 (2 Zweier) enthalten ist.

4 mit 22 ist *harmonisch.* Eine ideale Kombination, da die 22 tatsächlich eine starke 4 ist. Durch Kooperation können hier wirklich große Dinge erreicht werden.

4 mit 33 ist *harmonisch.* Eine gute Kombination, denn hier ist eine starke 6 kombiniert mit einer 4. Die drei 2er in der starken 6 plus die zwei 2er in der 4 schaffen eine günstige Gelegenheit zur Kooperation.

5 mit 5 ist *harmonisch.* Zwei aktive Zahlen. Zusammen verfügen sie über einen Schatz an praxiserprobten Erfahrungen. Dadurch können sie sich sehr gut anpassen und erreichen zusammen sehr viel.

5 mit 6 ist *disharmonisch.* Die 5 ist energiegeladen, aktiv und wankelmütig, die 6 dagegen passiv, standhaft und konservativ. Diese beiden Zahlen harmonieren nur mit Schwierigkeit und haben viele Hochs und Tiefs.

5 mit 7 ist sowohl *harmonisch* als auch *disharmonisch.* Die 5 handelt aktiv, die 7 denkt aktiv. Die 5 ist extrovertiert und die 7 introvertiert. Sie haben jedoch einige gemeinsame Bereiche.

Beide haben das Bedürfnis, Erfahrungen zu machen, und brauchen dazu andere Menschen. Die 5 durchlebt die Erfahrungen, während die 7 analysiert, darüber nachdenkt und die Lektionen nicht tatsächlich aktiv miterlebt. Beide Zahlen neigen dazu, die Augen vor der Realität zu verschließen, werden manchmal von Angstgefühlen geplagt, und wenn die Situation brenzlig wird, suchen sie eine Möglichkeit, um der Realität zu entfliehen.

5 mit 8 ist sowohl *harmonisch* als auch *disharmonisch*. Die 8 ist aktiv, wenn es um materielle Dinge geht, aber auch die 5 ist aktiv, vor allem im physischen Bereich. Beide suchen den Kontakt mit anderen. Die 8 geht vorsichtig und verantwortungsvoll mit Geld um, wohingegen die 5 dazu neigt, Geld leichtfertig auszugeben. Die 5 gibt sich selbst und nimmt von anderen, und die 8 gibt von ihrem Eigentum und nimmt vom Eigentum der anderen.

5 mit 9 ist *harmonisch*. Die beiden Zahlen haben sehr viel gemeinsam, jedoch ist die 9 eher ein Träumer. Beide sind aktiv und vielseitig, reisen gerne und können sehr anziehend und charmant sein. Die 5 hat jedoch einen etwas „luftigeren" Charme als die 9.

5 mit 11 ist *harmonisch*. Alle Kombinationen von 11 mit anderen Zahlen sind harmonisch. Die 11 paßt sich leicht an, was durch die Anpassungsfähigkeit der 5 noch verstärkt wird.

5 mit 22 ist *disharmonisch*. 22 ist eine starke 4 und hat im Gegensatz zur 5 den dienenden Aspekt. Sie hält sich an Regeln, Vorschriften und Gesetze, wohingegen die 5 all diese Regeln, Vorschriften und Gesetze gerne ändern lassen würde.

5 mit 33 ist *disharmonisch*. Manchmal passen sie zusammen, aber dies ist nicht die Regel. Die 5 hat normalerweise eine sorglose, optimistische Mentalität und vermeidet – wenn möglich – alle Schwierigkeiten, wohingegen die starke 6 den Eindruck erweckt, daß sie Probleme sucht, für die sie dann Lösungen findet. Die 6 ist von Natur aus fürsorglich.

6 mit 6 ist *harmonisch.* Diese beiden passiven Zahlen können vorzugsweise im Pflege- und Beratungsbereich zusammenarbeiten. Eine gute und besonders zuverlässige Kombination.

6 mit 7 ist sowohl *harmonisch* als auch *disharmonisch.* Obwohl die 7 introvertiert, ja fast passiv ist und es sich bei der 6 auch um eine von Natur aus passive Zahl handelt, bilden diese beiden Zahlen keine ideale Kombination. Die 6 ist passiv, trotzdem steht sie gerne im Mittelpunkt. Sie fühlt sich so richtig wohl, wenn andere ihr zuhören, und führt gerne die Gespräche. Dagegen ist die 7 eher still und schweigsam und oft der Meinung, daß Worte nur leeres, sinnloses Geschwätz sind. Die 7 mischt sich nicht in andere Dinge ein, während die 6 gerne ihre Nase in die Angelegenheiten anderer steckt. Bei dieser Kombination müssen folglich viele Störungen überwunden werden, damit sie einigermaßen gut funktioniert.

6 mit 8 ist *harmonisch.* Beide Zahlen stehen gerne im Vordergrund. Obwohl die 6 nur mäßig selbstlos ist, ist sie nichtsdestoweniger geneigt zu geben und erwartet früher oder später etwas zurück (Aufmerksamkeit, Bewunderung). Die 8 ist in dieser Hinsicht ehrlicher und sagt im voraus, daß sie zwar gibt, aber dafür auch etwas zurückbekommen will (Geld oder ähnliches). Die 6 vergrößert ihr Ego unter dem Deckmantel der Nächstenliebe, wohingegen die 8 ihr Ego durch Vergrößern ihres Besitzes stärkt. Die beiden Zahlen ergeben zusammen eine ideale Kombination, die von Nutzen für die ganze Gesellschaft sein kann.

6 mit 9 ist *harmonisch.* Dem muß man nicht mehr viel hinzufügen. Die 6 setzt sich aus zwei 3ern und die 9 aus drei 3ern zusammen. Beide haben den dienenden Aspekt und sind romantisch und intuitiv. Wenn man die Einfälle und Träume dieser beiden Zahlen vereint, werden überraschende Ergebnisse erreicht.

6 mit 11 ist *harmonisch.* 11 läßt sich gut mit allen anderen Zahlen kombinieren. Bei beiden Zahlen steht Kreativität an oberster Stelle. Durch ihre Kombination erhält man große Sensibilität, die besonders achtsam eingesetzt werden sollte.

6 mit 22 ist *harmonisch.* Aufgrund der starken 4 handelt es sich hier um eine ideale Kombination. Die 6 setzt sich aus drei 2ern und die starke 4 (22) aus zwei 2ern zusammen. In beiden Zahlen ist der dienende Aspekt vorhanden. Bei dieser Kombination treten wahrscheinlich nur wenig Probleme auf, jedoch kann die leichte Verletzbarkeit beider Zahlen problematisch sein.

6 mit 33 ist *harmonisch.* Die beiden Zahlen passen ideal zusammen, da hier die Kombination einer starken 6 mit einer 6 vorliegt. Im Bereich Dienen, Intuition und Kreativität wird die Wirklichkeit die Erwartungen noch übertreffen können.

7 mit 7 ist *harmonisch.* Diese beiden Zahlen können als ein Ganzes gut zusammenwirken, besonders in der Forschung.

7 mit 8 ist sowohl *harmonisch* als auch *disharmonisch.* Hier ist es unwichtig, ob es sich um aktive oder passive Eigenschaften handelt, denn meistens ist die 7 nicht das, was sie zu sein scheint, und dasselbe gilt für die 8. Jedoch sind die Merkmale der beiden Zahlen hinsichtlich des materiellen Bereiches eindeutig: die 7 ist nämlich nicht materiell und die 8 materiell eingestellt. Nach „Gewinn" streben jedoch beide Zahlen, wobei die 8 materiellen Zuwachs und die 7 spirituelle Ziele erreichen will.

7 mit 9 ist sowohl *harmonisch* als auch *disharmonisch.* Auf den ersten Blick passen diese Zahlen gut zusammen. Die passive 7 und die aktive 9 legen eigentlich keinen besonderen Wert auf das Materielle. Sie sind beide Träumer, die manchmal die Realität völlig vergessen. Es gibt jedoch einen Unterschied zwischen diesen beiden Zahlen. Die 7 verschließt sich vor der Wirklichkeit, indem sie sich bewußt und aktiv mit spirituellen Dingen beschäftigt. Dagegen weilt die 9 gedanklich oft in der Vergangenheit, und schweift mit ihren Gedanken völlig unbewußt von der Gegenwart ab. Die 7 beschäftigt sich mit dem Hier und Jetzt und die 9 überlegt, „wie es war" oder „wie es sein könnte".

7 mit 11 ist *harmonisch.* Dies ist eine erstklassige Verbindung, da es sich um eine Kombination mit der Zahl 11 handelt. Die

Intuition ist bei diesen beiden Zahlen besonders stark ausgeprägt.

7 mit 22 ist sowohl *harmonisch* als auch *disharmonisch*. Dies ist eine ideale Kombination im Bereich der Intuition und der Analyse. Im Unterschied zur 7 ist die 22 aufgrund ihrer Stärke eine aktive Zahl – speziell, was das Handeln anbelangt, wohingegen die 7 normalerweise nur im Denken aktiv ist. Für beide ist die Intuition ein wichtiges Instrument.

7 mit 33 ist *disharmonisch*. Es handelt sich hier um die Kombination einer starken 6 mit einer 7. Hinsichtlich der Intuition passen sie sehr gut zueinander, jedoch kann die 33 aufgrund ihrer starken Energie die 7 überschatten. Die 33 zieht Leute an, während die 7 oft das Bedürfnis hat, sich von allem, speziell von Menschen, zurückzuziehen.

8 mit 8 ist *harmonisch*. Durch die Verbindung von Kreativität und Organisationstalent können gute Ergebnisse erreicht werden.

8 mit 9 ist *disharmonisch*. Bei dieser Kombination ist die eine Zahl auf das Weltliche und die andere auf das Spirituelle ausgerichtet. Da diese Zahlen die starke Neigung haben, an entgegegengesetzten Vorhaben zu arbeiten, und sich nicht ohne weiteres verstehen können, ist dies keine ideale Kombination.

8 mit 11 ist *harmonisch*. Eine ideale Kombination, da 11 und 8 gut zusammenpassen. Beide besitzen Führungseigenschaften und Organisationstalent. Im gegenständlichen Sinn ergänzen sich die Vorahnungen der 8 und die Intuition der 11 gut.

8 mit 22 ist *harmonisch*. 22 und 8 stellen eine gute Verbindung dar – vor allem, weil die starke 4 (22) in diesem Fall nicht geringer als die 8 ist. Da die 4, und damit auch die starke 4 (22), einen Blick fürs Detail hat, kann sie sich ebenso wie die 8 auf das Wichtigste konzentrieren. Sie verstehen sich und können hervorragend zusammenwirken.

8 mit 33 ist *harmonisch*. Dies ist eine gute Kombination, da hier eine starke 6 vorliegt. Die Aktivitäten beider Zahlen liegen im materiellen Bereich; die 33 ist zusätzlich im spirituellen Bereich aktiv. Die 8 berät andere oft in weltlichen Angelegenheiten, und die 33 erteilt gerne Ratschläge zu spirituellen Fragen.

9 mit 9 ist *harmonisch.* Bei beiden Zahlen ist der helfende und unterstützende Aspekt sehr ausgeprägt. Zusammen mit der starken Intuition und der Impulsivität können dadurch großartige Ideale verwirklicht werden.

9 mit 11 ist *harmonisch.* Eine aktive 11 und eine aktive 9 sind eine sehr gute Verbindung. Beide Zahlen besitzen eine besonders starke Sensibilität und Intuition, lieben Menschen und befinden sich meist in zwei Welten gleichzeitig (der Traumwelt und der wirklichen Welt).

9 mit 22 ist *harmonisch.* Stark, energievoll, aber verwundbar. Der geringste Rückschlag reicht aus, um diese Kombination aus dem Gleichgewicht zu bringen. Unumstößlich ist jedoch die dienende Haltung, die bei beiden Zahlen vorhanden ist.

9 mit 33 ist *harmonisch.* Zu dieser Kombination gehören Sensibilität, Intuition, Romantik, Fürsorge und Ideale. Die 9 ist die letzte Zahl in der Zahlenreihe 1 bis 9, und die 33 in der Reihe 11 bis 33. Hier besteht die Möglichkeit, Angelegenheiten in allen Bereichen abzuschließen.

Kombinationen mit 11, 22 und 33 sind vorwiegend *harmonisch.* Im allgemeinen sind es ideale Verbindungen, die durch ihr Zusammenwirken Großes erreichen können und die sehr viel Energie, intensive Kreativität und einen starken Antrieb zum Handeln besitzen. Unstimmigkeiten können auftreten, wenn beide Seiten zu fanatisch an stark gegensätzlichen Meinungen festhalten oder keine Gelegenheit finden, um das vorhandene Energiepotential auszudrücken. Sind optimale Ausdrucksmöglichkeiten vorhanden, können diese Zahlen durch ihr Zusammenwirken und aufgrund der angestrebten Ideale Großes erreichen.

10. Numerologische Zahlenanalyse

Wenn man die Ergebnisse der numerologischen Berechnungen miteinander *vergleicht* und sie anhand einer Zahlenübersicht *analysiert*, erhält man zusätzlich wertvolle Informationen zu der betreffenden Person. Dazu werden die Werte, die in den einzelnen Abschnitten der numerologischen Analyse errechnet wurden, gegenübergestellt, und es wird festgestellt, ob sie *harmonisch* oder *disharmonisch* zueinander stehen oder gleichwertig sind.

Im vorherigen Kapitel über den Vergleich von Zahlen wurden die Kombinationen zweier Zahlen näher erläutert, so daß deutlich wird, warum eine Kombination harmonisch oder disharmonisch sein kann.

Kombinationen mit *11*, *22* und *33* werden auch hier vorwiegend als harmonisch angesehen. Jedoch können sich bei diesen Zahlen extrem starke Kräfte entwickeln, so daß die Kombinationen vorübergehend die entgegengesetzten Wirkungen hervorrufen können. Dies kann vor allem bei Kombinationen mit jeweils zwei dieser drei Zahlen der Fall sein.

Schritt 1: *Vergleichen der Verhaltenszahl mit der Seelenzahl*

Harmonisch: Ihre Umgebung sieht Sie so, wie Sie wirklich sind, und Sie können nicht vortäuschen, anders zu sein. Ihre Freunde erleben im Umgang mit Ihnen selten Überraschungen. Sie sind gerne mit Menschen zusammen, bei denen Sie sich wohlfühlen und schließen selten oberflächliche Freundschaften.

Disharmonisch: Ihre Umgebung sieht Sie völlig anders, als Sie wirklich sind. Wenn Sie sich nach außen nicht entsprechend Ihrer wirklichen Identität zeigen, können Sie unter einem innerem Zwiespalt und inneren Konflikten leiden, und Sie neigen dazu, nach dem Bild zu leben, das andere von Ihnen haben. Dadurch ziehen Sie oft Menschen an, in deren Umgebung Sie sich nicht immer wirklich wohlfühlen.

Harmonisch/disharmonisch: Zeitweise versuchen Sie, nach dem Bild zu leben, das Sie selbst von sich haben, und dann wieder nach der Vorstellung, die andere von Ihnen haben, und geben vor, etwas zu sein, was Sie nicht sind. Dies verwirrt nicht nur die anderen, sondern auch Sie selbst.

Schritt 2: *Vergleichen der Entwicklungszahl mit der Seelenzahl*

Harmonisch: Ihre inneren Wünsche sind in Harmonie mit Ihren zu entwickelnden Eigenschaften. Sie wissen, was Sie wollen.

Disharmonisch: Ihre inneren Wünsche und Ihre derzeit zu entwickelnden Eigenschaften stehen im Widerspruch. Dadurch entstehen oft Gefühle der Unzufriedenheit und der Unruhe.

Harmonisch/disharmonisch: Sie sind sehr unbeständig, denn einerseits wissen Sie genau, was Sie wollen, und andererseits wissen Sie es überhaupt nicht. Dadurch fühlen Sie sich gelegentlich ziemlich müde. Sie schwanken extrem zwischen Gefühlen der Begeisterung und der Unzufriedenheit.

Schritt 3: *Vergleichen der Entwicklungszahl mit der Verhaltenszahl*

Harmonisch: Sie haben das Bedürfnis, die Eigenschaften zu entwickeln, die Sie bis jetzt noch nicht gemeistert haben. Mit zunehmendem Alter wächst der innere Drang, Unvollkommenes zu vervollkommnen, und Sie finden Ihren eigenen Weg, dies zu tun. Sie sind nicht schnell enttäuscht oder lassen sich nicht leicht von etwas abbringen, denn tief in Ihrem Inneren erkennen Sie, daß jeder von uns das bekommt, was er braucht.

Disharmonisch: Sie haben ständig Angst, das, was Sie gerne hätten, nicht zu bekommen, und das Gefühl, Sie verpassen etwas. Sie wissen auch nicht so recht, was Sie machen sollen, um Ihre Bedürfnisse zu befriedigen. Wenn Sie Ihre eigenen Wünsche vor die der anderen stellen, fühlen Sie sich schuldig. Denken Sie immer daran, daß jeder das bekommt, was er oder sie braucht, auch wenn es nicht immer angenehm ist. Erst wenn Sie das erkennen, werden Sie mit den Wünschen der anderen nicht mehr in Konflikt geraten.

Harmonisch/disharmonisch: Manchmal scheint Ihnen alles, was Sie brauchen, in den Schoß zu fallen, und zeitweise müssen Sie sich darum bemühen, ja sogar kämpfen. Sie „setzen alle Hebel in Bewegung", um das Erwünschte zu bekommen, und hinterher finden Sie die verwendeten Methoden oft nicht gut. Manchmal kopieren Sie andere, um Ihre Wünsche zu erfüllen, dann wieder finden Sie selbst eine kreative Lösung.

Schritt 4: *Vergleichen der Zielzahl mit der Seelenzahl*

Harmonisch: Sie handeln in Übereinstimmung mit Ihrem innersten Verlangen und Ihren tiefsten Wünschen, und Sie werden Ihre Ziele im Laufe Ihres Lebens erreichen.

Disharmonisch: Sie handeln nicht in Übereinstimmung mit Ihren innersten Wünschen, und schließlich hat man den Eindruck, daß Sie ein ganz anderes Ziel als das ursprünglich geplante anstreben.

Harmonisch/disharmonisch: Ihre inneren Wünsche bestimmen Ihre Handlungen, und oft handeln Sie wirklich entsprechend Ihren Plänen. Jedoch ändern Sie laufend Ihre Ansichten und machen etwas ganz anderes.

Schritt 5: *Vergleichen der Zielzahl mit der Verhaltenszahl*

Harmonisch: Immer wenn Sie in Ihrem Leben schwierige Entscheidungen treffen müssen, haben Sie Menschen um sich, die Sie unterstützen und Ihnen bereitwillig helfen. Sie verstehen es genau, anderen Ihre Pläne verständlich zu machen.

Disharmonisch: Von anderen Menschen, denen Sie in Ihrem Leben begegnen, können Sie normalerweise nur wenig Unterstützung zum Erreichen Ihrer Ziele erwarten, es sei denn, Sie bitten sie ausdrücklich um ihre Hilfe. Eine Ausnahme ist ein entgegengesetzt wirkender Zyklus. Ihre Absichten werden von den anderen oft nicht richtig verstanden.

Harmonisch/disharmonisch: Wenn Sie andere um Unterstützung bitten, werden Sie feststellen, daß man im allgemeinen bereit ist, Ihnen beim Erreichen Ihrer Ziele zu helfen. Sie müssen jedoch Ihre Absichten verständlich erklären.

Schritt 6: *Vergleichen der Zielzahl mit der Entwicklungszahl*

Harmonisch: Sie stehen sich beim Erreichen Ihrer Ziele nicht selbst im Weg. Sie müssen noch genau die Eigenschaften entwickeln, die Sie auch zum Verwirklichen Ihrer Ziele benötigen.

Disharmonisch: Sie erreichen Ihre Ziele, nicht ohne „sich durchzuwursteln". Ihre Bedürfnisse, die die anderen und Sie selbst erfüllen sollen, stimmen nicht mit Ihrem inneren Verlangen überein. Sie stehen sich meist selbst im Weg.

Harmonisch/disharmonisch: Zeitweise stehen Sie sich bei der Verwirklichung Ihrer Ziele selbst im Weg. Die Eigenschaften, die Sie entwickeln wollen, um Ihre Bedürfnisse zu erfüllen, sind nicht immer zum Erreichen Ihrer Ziele erforderlich.

Schritt 7: *Vergleichen der Lebenslaufzahl mit der Seelenzahl, Verhaltenszahl beziehungsweise Entwicklungszahl. Überprüfen Sie, wie oft der Wert der Lebenslaufzahlbei den anderen obengenannten Zahlen vorkommt.*

Eine Zahl stimmt mit der Lebenslaufzahl überein: Sie sind ein Mensch, der sich normalerweise ohne große Schwierigkeiten anpassen kann, obwohl es Ihnen nicht leicht fällt.

Mehr als eine Zahl stimmt mit der Lebenslaufzahl überein: Sie sind ein sehr anpassungsfähiger Mensch, was bereits in Ihren frühen Jugendjahren deutlich wurde.

Keine Zahl stimmt mit der Lebenslaufzahl überein: Sich anzupassen kostet Sie oft sehr viel Mühe und Anstrengung. Dies zeigte sich bei Ihnen bereits in sehr frühen Jahren.

Schritt 8: *Vergleichen der Lebenslaufzahl mit der Verhaltenszahl*

Übereinstimmend: Sie können normalerweise schwierige Probleme ohne große Mühe und Anstrengung lösen.

Harmonisch: Sie finden nicht immer sofort eine Lösung für problematische Situationen. Letztendlich gelingt es Ihnen doch ohne zu große Nachteile für Sie selbst.

Disharmonisch: Es fällt Ihnen sehr schwer, aus den verschiedensten kritischen Situationen einen Ausweg zu finden. Meistens ist die Sache dann noch nicht endgültig geklärt, und Sie wissen oft nicht, wie Sie sie beenden können.

Harmonisch/disharmonisch: Sie müssen sich sehr anstrengen, um aus Situationen, in die Sie sich selbst gebracht haben, wieder herauszukommen. Normalerweise gelingt es Ihnen, die Folgen Ihres eigenen Handelns in Ordnung zu bringen.

Schritt 9: *Vergleichen der Lebenslaufzahl mit der Zielzahl. Die Stellung der Lebenslaufzahl zur Zielzahl gibt. Aufschluß darüber, inwieweit Sie Ihre Ziele erreichen können.*

Harmonisch: Im Laufe Ihres Lebens erreichen Sie Ihre Ziele.

Disharmonisch: Es wird für Sie nicht einfach sein, Ihre Ziele zu erreichen.

Harmonisch/disharmonisch: Es gibt Phasen, in denen Sie Ihre Ziele leichter verwirklichen, und Zeiten, in denen es Ihnen schwerfällt, Ihre Vorhaben zu realisieren.

Schritt 10: *Vergleichen der 1. großen Zykluszahl mit der Seelenzahl. Daraus ist ersichtlich, inwieweit sich Ihr Charakter in Ihrer Kindheit geändert hat.*

Harmonisch: Als Kind nahmen Sie sich selbst und Ihre Umgebung bewußt wahr. Während dieses Zyklus hat sich Ihr Charakter nicht wesentlich geändert.

Disharmonisch: Als Kind nahmen Sie sich selbst und Ihre Umgebung nicht wahr. Ihr Charakter und Ihre Lebenseinstellung haben sich in dieser Periode stark verändert.

Harmonisch/disharmonisch: Ihr Charakter und Ihre Lebenseinstellung änderten sich schubweise.

Schritt 11: *Vergleichen der 1. großen Zykluszahl mit der Entwicklungszahl. Erreichen Sie leicht das, was Sie wollen, oder müssen Sie sich darum bemühen?*

Harmonisch: Dieser 1. große Zyklus bietet die Erfahrungen, die Sie zur Entwicklung der gewünschten Eigenschaften brauchen. Es fällt Ihnen in dieser Periode nicht schwer, das Gewünschte zu erreichen.

Disharmonisch: In dieser Periode scheint es nicht immer leicht für Sie zu sein, das zu erlangen, was Sie wollen. Vielmehr haben Sie oft das Gefühl, daß Ihre Charaktereigenschaften hinter dem zurückstehen, was gefordert ist, und daß Sie nicht die Kraft haben, sie einfach zu verbessern.

Harmonisch/disharmonisch: In dieser Zeit bekommen Sie, was Sie wollen, manchmal leicht und manchmal mit Schwierigkeiten. Die Gelegenheiten, um die gewünschten Eigenschaften zu entwickeln, sind vorhanden, jedoch wissen Sie nicht immer, welchen Weg Sie wählen sollen.

Schritt 12: *Vergleichen der 1. großen Zykluszahl mit der Zielzahl.*

Harmonisch: Die Ereignisse der ersten Jahre dieses Zyklus zeigen deutlich, wie Sie Ihre Ziele erreichen können. Ihre Bemühungen werden durch die Charaktereigenschaften, die Sie verstärken und auch neu hinzugewinnen, unterstützt, und Sie haben das Gefühl, daß Sie in vielen Situationen richtig handeln.

Disharmonisch: In diesem ersten großen Zyklus ist Ihnen nicht ganz klar, wie Sie Ihre Ziele erreichen können. Ereignisse, mit denen Sie in dieser Periode konfrontiert werden, scheinen Sie in eine völlig andere Richtung zu schickten, und Sie entwickeln Eigenschaften, die auf den ersten Blick für das Erreichen Ihrer Ziele scheinbar nicht sehr hilfreich sind.

Harmonisch/disharmonisch: In diesem Zyklus können Sie Ereignisse manchmal gut und zeitweise nicht so leicht verarbeiten. Die hier entwickelten und geförderten Eigenschaften sind sehr nützlich, aber Sie sind sich nicht immer sicher, was Sie damit anfangen sollen. Oft haben Sie das Gefühl, daß Ihre Bemühungen zum Erreichen Ihrer Ziele nicht ausreichen.

Schritt 13: *Vergleichen der 2. großen Zykluszahl mit der Seelenzahl*

Harmonisch: Sie sind sich Ihrer selbst und Ihrer Umgebung stark bewußt. In dieser Periode ändert sich Ihr Charakter wenig.

Disharmonisch: In dieser Periode nehmen Sie sich selbst und Ihre Umgebung kaum wahr. Ihr Charakter und Ihre Lebenseinstellung ändern sich in dieser Zeit besonders stark.

Harmonisch/disharmonisch: Bei dieser Kombination ändern sich Ihr Charakter und Ihre Lebenseinstellung schubweise.

Schritt 14: *Vergleichen der 2. großen Zykluszahl mit der Entwicklungszahl*

Harmonisch: Dieser Zyklus bietet zahlreiche Gelegenheiten, um sich innerlich zu entwickeln, und Sie werden in diesen Jahren die gewünschten Eigenschaften weitgehend erreichen.

Disharmonisch: In diesem 2. Zyklus haben Sie immer wieder das Gefühl, daß Sie nicht „vollständig" sind. Sie fühlen sich zu schwach, um die gewünschten Charaktereigenschaften zu entwickeln, und finden es nicht immer einfach, das Gewünschte zu erreichen. Sie müssen sich sehr anstrengen, um die Person zu werden, die Sie sein möchten.

Harmonisch/disharmonisch: In dieser Periode scheint Ihnen das Gewünschte manchmal in den Schoß zu fallen, und dann wieder müssen Sie sich besonders anstrengen, um es zu erlangen. Gelegentlich haben Sie das Gefühl, daß Sie alles daransetzen müssen, um überhaupt das Ziel zu erreichen. Im Vergleich mit anderen, erkennen Sie Eigenschaften, die Ihnen fehlen. Dies versuchen Sie manchmal durch Beobachten und Nachahmen anderer auszugleichen und machen auf diese Weise wenigstens Ihre Erfahrungen. Ein anderes Mal erreichen Sie die erforderlichen Eigenschaften durch eigene Initiative, indem Sie hierzu die entsprechenden Situationen schaffen.

Schritt 15: *Vergleichen der 2. großen Zykluszahl mit der Zielzahl.*

Harmonisch: Ihre Ziele werden Ihnen durch die verschiedensten Ereignisse, mit denen Sie in dieser Periode konfrontiert werden, immer klarer, und Sie haben oft das Gefühl, richtig zu handeln. Auf diese Weise entwickeln und stärken Sie die Eigenschaften, die zum Erreichen Ihrer Ziele erforderlich sind.

Disharmonisch: Während dieser Periode entwickeln und

stärken Sie Eigenschaften, die Sie auf den ersten Blick nicht als vernünftig und hilfreich erkennen und deren Zweck oder Bedeutung Ihnen nicht immer klar ist. Zurückblickend haben Sie manchmal das Gefühl, nicht immer richtig gehandelt zu haben.

Harmonisch/disharmonisch: Im 2. großen Zyklus entwikkeln und stärken Sie viele Eigenschaften. Jedoch haben Sie das Gefühl, nicht genügend damit erreichen zu können. Aufgrund einer solchen Vielzahl von positiven Eigenschaften kommen Sie manchmal auf Umwegen ans Ziel.

Schritt 16: *Vergleichen der 3. großen Zykluszahl mit der Seelenzahl*

Harmonisch: In dieser Zeit nehmen Sie sich selbst und Ihre Umgebung bewußt wahr. Ihre Lebenseinstellung und Ihr Charakter ändern sich in diesen Jahren kaum.

Disharmonisch: In dieser Periode nehmen Sie sich selbst und Ihre Umgebung kaum wahr. Ihr Charakter und Ihre Lebenseinstellung unterliegen starken Veränderungen.

Harmonisch/disharmonisch: In diesen Jahren ändern sich Ihr Charakter und Ihre Lebenseinstellung schubweise.

Schritt 17: *Vergleichen der 3. großen Zykluszahl mit der Entwicklungszahl*

Harmonisch: In dieser letzten Periode Ihres Lebens gelingt es Ihnen, Ihre Bedürfnisse weitgehend zu erfüllen und die Eigenschaften zu erlangen und zu verfeinern, die Sie in den vorherigen Jahren bereits erreichen wollten.

Disharmonisch: Dies ist Ihre dritte große Periode, der letzte Zyklus Ihres Lebens. In diesen letzten Jahren machen Sie sehr viele Erfahrungen, haben aber trotzdem das Gefühl, daß etwas fehlt. Sie fühlen sich noch nicht vollkommen zufrieden.

Harmonisch/disharmonisch: In dieser letzten Periode, Ihrem letzten großen Zyklus, gibt es genügend Gelegenheiten, sich zu entwickeln. Sie sind zwar nicht mehr so stark wie bisher, verlangen jedoch sehr viel Energie. Ihre Aufmerksamkeit konzentriert sich auch auf Eigenschaften, die Sie noch entwickeln oder stärker fördern wollen.

Schritt 18: *Vergleichen der 3. großen Zykluszahl mit der Zielzahl*

Harmonisch: In diesem letzten Zyklus haben Sie das Gefühl, Ihre Ziele erreicht zu haben, und können die Früchte der letzten Jahre ernten. Das Leben, Ihr Leben, scheint endlich sehr bedeutsam zu sein.

Disharmonisch: Obwohl Sie sich in Ihrem dritten Zyklus befinden, haben Sie nicht das Gefühl, als ob Sie die erstrebten Ziele erreicht hätten. Die letzte, grundlegende Ursache für Ihre Existenz ist Ihnen nicht ganz klar. Sie sind mit Ihren eigenen Leistungen nicht wirklich zufrieden und werden sich weiterhin darum bemühen, Ihre Situation zu ändern.

Harmonisch/disharmonisch: Dies ist Ihr letzter Zyklus. Sie haben oft das Gefühl, daß Sie endlich Ihre Ziele erreicht hätten, und müssen dann feststellen, daß Sie doch noch nicht weit genug vorangekommen sind. Sie wissen, daß nichts vergeblich ist oder war, aber Sie können dies gefühlsmäßig noch nicht erfassen. Deshalb bemühen Sie sich in diesen Jahren weiterhin, Eigenschaften zu entwickeln und zu stärken, die Ih nen beim Erreichen Ihrer Ziele nützlich sind.

Schritt 19: *Vergleichen der 1. kleinen Zykluszahl mit der Seelenzahl*

Harmonisch: In dieser Periode begegnen Sie Menschen, bei denen Sie das Gefühl haben, daß Sie sie bereits kennen und in denen Sie viele Anteile von sich selbst wiedererkennen.

Disharmonisch: In diesen Jahren kommen Sie mit Menschen zusammen, die oft scheinbar genau das Gegenteil von Ihnen sind, und Sie können nur selten eine Ähnlichkeit entdecken.

Harmonisch/disharmonisch: Menschen, die auf Sie zuerst freundlich und zuverlässig wirken, können sich später als höchst unangenehm entpuppen. Auch das Gegenteil kann zutreffen.

Schritt 20: *Vergleichen der 1. kleinen Zykluszahl mit der Entwicklungszahl*

Harmonisch: In dieser Periode begegnen Sie vielen Menschen, die Ihnen das geben, was Sie brauchen. Vor allem als Kind erhielten Sie scheinbar sehr leicht das, was Sie sich wünschten.

Disharmonisch: Während dieses ersten Zyklus kommen Sie mit vielen Menschen zusammen, deren Bedürfnisse genau entgegengesetzt zu Ihren eigenen Wünschen sind. In den allerersten Kindheitsjahren war es nicht leicht für Sie, das zu bekommen, was Sie wirklich von anderen wollten.

Harmonisch/disharmonisch: In diesen Jahren begegnen Sie vielen Menschen, die entweder dieselben oder völlig entgegengesetzte Bedürfnisse haben. Das Gewünschte von anderen zu erhalten, scheint manchmal einfach und ein anderes Mal schwierig zu sein.

Schritt 21: *Vergleichen der 1. kleinen Zykluszahl mit der Zielzahl*

Harmonisch: In diesem 1. kleinen Zyklus begegnen Sie vielen Menschen, die Ihnen dabei helfen, die zum Erreichen Ihrer Ziele erforderlichen Eigenschaften zu entwickeln.

Disharmonisch: In dieser Periode gibt es nur wenige Menschen, die Sie dabei unterstützen, die zum Erreichen Ihrer Ziele erforderlichen Eigenschaften zu entwickeln.

Harmonisch/disharmonisch: In diesen Jahren kommen Sie sowohl mit Menschen zusammen, die Ihnen helfen, die zum Erreichen Ihrer Ziele erforderlichen Eigenschaften zu entwikkeln, als auch mit Menschen, die diese Entwicklung verhindern.

Schritt 22: *Vergleichen der 2. kleinen Zykluszahl mit der Seelenzahl*

Harmonisch: In dieser Periode begegnen Sie Menschen, die Sie vorher noch nie getroffen haben und die Ihnen trotzdem sofort zuverlässig und sehr vertraut erscheinen. Sie können in diesen Jahren sehr gut spüren, wer Ihnen wohlwollend gesinnt ist und wer nicht.

Disharmonisch: Sie ziehen genau die Ihnen entsprechenden Menschen an und können trotzdem überhaupt keine Ähnlichkeit zwischen sich und diesen Menschen feststellen. Auch bei sehr engen Kontakten haben Sie immer wieder das Gefühl, daß diese Personen Ihnen völlig fremd sind. Sie gewöhnen sich sehr schnell an andere Menschen.

Harmonisch/disharmonisch: In dieser Periode forschen Sie intensiv nach Ihrer eigenen Identität. Manchmal spiegeln Sie sich in den anderen, und ein anderes Mal hat nur Ihre eigene Meinung und Einstellung Gültigkeit. Des öfteren irren Sie sich in Ihren Ansichten über andere.

Schritt 23: *Vergleichen der 2. kleinen Zykluszahl mit der Entwicklungszahl*

Harmonisch: In diesem 2. kleinen Zyklus verstehen die Menschen klar und eindeutig Ihre Bedürfnisse. Sie müssen sich nicht sehr bemühen, um das Gewünschte zu bekommen.

Disharmonisch: In diesen Jahren fällt es Ihnen schwer, anderen Ihre Bedürfnisse zu erklären. Sie müssen sehr viel einsetzen, um das, was Sie von anderen wollen, zu erhalten.

Harmonisch/disharmonisch: In dieser Periode müssen Sie sich manchmal ganz besonders und zeitweise kaum anstrengen, um anderen zu erklären, was Sie von ihnen wollen. Dabei werden Sie entweder auf sehr wenig oder ausreichend Verständnis für Ihre Wünsche stoßen.

Schritt 24: *Vergleichen der 2. kleinen Zykluszahl mit der Zielzahl*

Harmonisch: Sie brauchen bestimmte „Werkzeuge“, um Ihre Ziele zu erreichen. In diesem 2. kleinen Zyklus helfen Ihnen andere Menschen, denen Sie begegnen, die dafür erforderlichen Eigenschaften zu entwickeln.

Disharmonisch: In dieser Periode werden die Eigenschaften, die Sie zum Erreichen Ihrer Ziele brauchen, nicht durch den Kontakt mit anderen Menschen gefördert. Deshalb fällt es Ihnen in diesem zweiten kleinen Zyklus schwer, Ihre Ziele zu verwirklichen.

Harmonisch/disharmonisch: In diesem neunjährigen Zyklus werden Sie speziell durch den Kontakt mit anderen Menschen angeregt, die zum Erreichen Ihrer Ziele erforderlichen Eigenschaften zu entwickeln. Jedoch kommen Sie auch mit Menschen zusammen, die einen hinderlichen Einfluß auf Sie haben, und es ist Ihnen nicht immer klar, wie Sie Ihre Eigenschaften oder die „Instrumente“ einsetzen sollen, um das Gewünschte zu erreichen.

Schritt 25: *Vergleichen der 3. kleinen Zykluszahl mit der Seelenzahl*

Harmonisch: In den vergangenen Jahren haben Sie zahlreiche Erfahrungen gesammelt und viele Ihrer eigenen Eigenschaften akzeptiert. Sie ziehen Menschen an, die Ihnen entsprechen, und in dieser Periode, in der Sie sich selbst gut verstehen, erhalten Sie auch sehr viel Verständnis von anderen. Die Menschen, mit denen Sie in dieser Zeit zusammenkommen, sind meist von Anfang an sehr zuverlässig.

Disharmonisch: In dieser Zeit stellen Sie oft fest, daß Sie sich in Ihrer Eigenart nicht völlig akzeptieren, und Sie wünschen sich sehr intensiv eine Welt, in der die Menschen gut miteinander auskommen, vor allem, weil Sie in diesen Jahren solch eine Harmonie in Ihrer eigenen Umgebung, die Ihnen oft kalt und distanziert vorkommt, vermissen.

Harmonisch/disharmonisch: Es ist Ihnen nicht immer bewußt, daß Sie das anziehen, was Ihnen entspricht. Hin und wieder sehen Sie dies völlig klar, und es fällt Ihnen in diesen Momenten leicht, sich in den Eigenschaften der anderen zu erkennen. Manchmal kämpfen Sie stark gegen diese Erkenntnis und verstehen dabei nicht, daß diese Auseinandersetzung ein innerer Kampf ist, sich so anzunehmen, wie Sie wirklich sind.

Schritt 26: *Vergleichen der 3. kleinen Zykluszahl mit der Entwicklungszahl*

Harmonisch: In den neun Jahren dieses 3. kleinen Zyklus begegnen Sie Menschen, die dieselben Bedürfnisse haben wie Sie selbst, und es wird für Sie nicht schwierig sein, das zu bekommen, was Sie von anderen wollen.

Disharmonisch: Da Ihre Bedürfnisse scheinbar genau das Gegenteil der Wünsche der von Ihnen angezogenen Menschen sind, wird Ihnen wenig Verständnis dafür entgegengebracht.

Sie müssen sich mit sehr viel Schwierigkeiten auseinandersetzen, um das Gewünschte zu bekommen.

Harmonisch/disharmonisch: Manchmal müssen Sie sich sehr anstrengen und dann wieder bemühen, um von anderen das Gewünschte zu bekommen. In dieser Periode begegnen Sie Menschen, die entweder dieselben Bedürfnisse wie Sie oder völlig entgegengesetzte Wünsche haben.

Schritt 27: *Vergleichen der 3. kleinen Zykluszahl mit der Zielzahl*

Harmonisch: In diesem Zyklus entwickeln und stärken Sie die Eigenschaften, die Sie zum Erreichen Ihrer Ziele brauchen, was besonders durch die Begegnung mit anderen gefördert wird.

Disharmonisch: Während dieses 3. kleinen Zyklus wird es Ihnen nicht leicht fallen, Ihre Ziele zu erreichen, da Sie die dazu erforderlichen Eigenschaften noch entwickeln oder stärken müssen. Es sind nicht die Begegnungen mit anderen Menschen, die Ihnen helfen, diese Charakterzüge zu entfalten, sondern Ihre eigene Initiative.

Harmonisch/disharmonisch: Ihnen ist nicht immer klar, wie Sie Ihre Charaktereigenschaften einsetzen sollen, um das Angestrebte zu erreichen. In dieser Periode können Begegnungen mit anderen dazu beitragen, bestimmte Eigenschaften zu stärken oder zu entwickeln. Jedoch werden Sie in dieser Hinsicht auch auf Widerstand stoßen.

Schritt 28: *Vergleichen der 4. kleinen Zykluszahl mit der Seelenzahl*

Harmonisch: Sie stehen am Beginn des letzten kleinen Zyklus und wissen inzwischen sehr viel über das Wesen des Menschen. Sie kennen sich selbst und die Menschen in Ihrer Umgebung recht gut. Seit dem Übergang in diesen kleinen Zyklus wissen Sie über sich und die anderen ziemlich gut Bescheid.

Disharmonisch: Obwohl Sie viel Menschenkenntnis haben, kommen Sie gelegentlich mit Menschen zusammen, die für Sie unergründlich sind, und Sie nehmen bei sich und den anderen eine gewisse Distanz wahr.

Harmonisch/disharmonisch: Es scheint, als ob Sie sich selbst und Ihre Umgebung allmählich akzeptieren und richtig einschätzen können. Es kann jedoch passieren, daß Sie durch andere ganz unerwartet völlig durcheinandergebracht werden. Oft erweist sich der erste Eindruck, den Sie von anderen bekommen, später als nicht richtig.

Schritt 29: *Vergleichen der 4. kleinen Zykluszahl mit der Entwicklungszahl*

Harmonisch: In dieser Zeit ist es nicht besonders schwierig für Sie, Ihre Bedürfnisse zu erfüllen, denn Sie begegnen Menschen, die es Ihnen leicht machen, das Gewünschte zu bekommen.

Disharmonisch: Sie werden in diesen Jahren feststellen, daß Ihnen das, was Sie wollen, nicht einfach in den Schoß fällt, sondern Sie sich darum bemühen müssen. Sie werden in dieser Periode wenigen Menschen begegnen, die Sie verstehen.

Harmonisch/disharmonisch: In diesem letzten kleinen Zyklus müssen Sie sich manchmal sehr bemühen und zeitweise kaum anstrengen, um das, was Sie wollen, zu bekommen. Sie begegnen in diesen Jahren Menschen mit denselben Bedürfnissen oder völlig entgegengesetzten Wünschen.

Schritt 30: *Vergleichen der 4. kleinen Zykluszahl mit der Zielzahl*

Harmonisch: Während dieser Periode scheint die Entwicklung der zum Erreichen Ihrer Ziele erforderlichen Eigenschaften durch Kontakte mit anderen gefördert zu werden. Schwache Charakterzüge werden auf diese Weise gestärkt oder fehlende Eigenschaften entwickelt.

Disharmonisch: In diesem 4. kleinen Zyklus wird es Ihnen schwerfallen, sich Ihren Zielen anzunähern. Die dafür erforderlichen Eigenschaften werden durch die Begegnung mit anderen nicht gestärkt und entwickelt.

Harmonisch/disharmonisch: In diesen Jahren werden Sie durch das Zusammenkommen mit anderen die zum Erreichen Ihrer Ziele erforderlichen Eigenschaften leichter entwickeln und fördern können. Jedoch stoßen Sie auch gelegentlich auf Widerstand und sind sich dann nicht mehr sicher, welche Eigenschaften Sie einsetzen sollten, um Ihre Ziele zu erreichen.

Schritt 31: *Vergleichen der Übergangszahl(en) mit der Zielzahl*

Übereinstimmend: Die Charaktereigenschaften der betreffenden Übergangszahl treten zusammen mit den damit verbundenen psychischen und körperlichen Merkmalen völlig unerwartet in Ihrem Leben auf.

Schritt 32: *Vergleichen der Übergangszahl(en) mit der/den großen Zykluszahl(en)*

Übereinstimmend: Die physischen und psychischen Merkmale der betreffenden Übergangszahlen zeigen sich vor allem in der Periode des betreffenden großen Zyklus.

Schritt 33: *Vergleichen der Übergangszahl(en) mit der/den kleinen Zykluszahl(en)*

Übereinstimmend: Die psychischen und physischen Eigenschaften derentsprechenden Übergangszahl treten vor allem in der Periode des betreffenden kleinen Zyklus auf.

Schritt 34: *Vergleichen der Übergangszahl(en) mit den Zykluszahlen*

Zyklus- und Übergangszahlen stimmen nicht überein: Die Eigenschaften der ersten Übergangszahl zeigen sich in Ihrem ersten großen Zyklus, die der zweiten Übergangszahl in Ihrem zweiten großen Zyklus, und die Merkmale der dritten Übergangszahl (Hauptzahl) sind während Ihres ganzen Lebens aktiv.

Schritt 35: *Vergleichen der Lebenslektionszahlen mit der Seelenzahl*

Übereinstimmend: Es wird einige Zeit dauern, bis Sie sich selbst völlig verstehen und den Mut haben zu sehen, wer oder was Sie wirklich sind.

Schritt 36: *Vergleichen der Lebenslektionszahlen mit der Verhaltenszahl*

Übereinstimmend: Sie werden erst nach einiger Zeit Ihre Talente und Begabungen erkennen und erst dann wissen, welches Studium oder welcher Beruf für Sie geeignet ist.

Schritt 37: *Vergleichen der Lebenslektionszahlen mit den Zyklenzahlen. Eine oder mehrere Lebenslektionszahlen stimmen mit einer oder mehreren Zykluszahlen überein:*

Die Erfahrungen dieser Lebenslektion werden speziell im Zyklus mit derselben Zahl gemacht, vor allem in den Übergangsjahren vom vorherigen und zum nachfolgenden Zyklus. Beim ersten Zyklus fiele dies ungefähr mit der Zeit der Pubertät und dem Ende dieser Periode und beim letzten Zyklus mit dem letzten Zykluswechsel zusammen.

Schritt 38: *Vergleichen der Lebenslektionszahlen mit den Übergangszahlen. Eine oder mehrere Lebenslektionszahlen stimmen mit einer oder mehreren Übergangszahlen überein:*

Diese Übergangszahlen und die entsprechenden Lebenslektionen zeigen, daß Sie es in dieser Lebensphase schwer haben und möglicherweise immer wieder über dasselbe Hindernis stolpern. Anfangs müssen Sie sehr viel Widerstand in sich selbst überwinden, um die Probleme dieser Lektion zu erkennen und zu bewältigen.

Schritt 39: *Vergleichen des Geburtstags mit dem persönlichen Jahr*

Übereinstimmend: Ihre Einstellung zu Ihren festen Beziehungen ändert sich in diesem Jahr stärker als in den vorangegangenen Jahren. Die speziellen Merkmale Ihres Geburtstags treten vor allem in diesem Jahr auf.

Schritt 40: *Vergleichen des Geburtstags mit dem persönlichen Monat*

Übereinstimmend: In diesem Monat ändert sich Ihre Einstellung zu Ihren festen Beziehungen mehr als in den vorangegangenen Monaten. Die speziellen Merkmale Ihres Geburtstags treten in diesem Monat verstärkt auf.

Schritt 41: *Vergleichen von Geburtstag und persönlichem Tag*

Übereinstimmend: An diesem Tag ändert sich Ihre Haltung zu Ihren festen Beziehungen fast unmerklich, und die speziellen Merkmale Ihres Geburtstags sind deutlicher erkennbar als an anderen Tagen.

Schritt 42: *Vergleichen der persönlichen Jahreszahl mit der Seelenzahl und Feststellen von Übereinstimmungen, um zu erkennen, welche Jahre sich für die Realisierung der innersten Wünsche am besten eignen und in welchem Jahr Sie sich selbst besser kennenlernen können.*

Übereinstimmend: In diesem Jahr werden Sie viele Ihrer innersten Wünsche erreichen und sich selbst näherkommen, wodurch Sie wesentlich selbstsicherer werden.

Schritt 43: *Vergleichen der persönlichen Jahreszahl mit der Verhaltenszahl und Feststellen von Übereinstimmungen*

Übereinstimmend: In diesem Jahr begegnen Sie Menschen, bei denen Sie das Gefühl haben, sie bereits zu kennen. Sie werden in dieser Periode deutlicher als bisher Bedeutung und Zweck Ihres Platzes in der Gesellschaft erkennen.

Schritt 44: *In dem Jahr, in dem Ihre persönliche Jahreszahl mit Ihrer Entwicklungszahl übereinstimmt, wird Ihnen sehr klar, was Sie wirklich wollen. Dies ist besonders wichtig zum Beispiel hinsichtlich der Auswahl einer beruflichen Laufbahn oder der Ausweitung eines Lieblingshobbys.*

Übereinstimmend: In diesem Jahr werden Sie einige der Merkmale entwickeln, die Ihnen ganz besonders am Herzen liegen. Sie wissen, was Sie wollen, und versuchen, entsprechend zu handeln.

Schritt 45: *Vergleichen der persönlichen Jahreszahl mit der Zielzahl und Feststellen von Übereinstimmungen*

Übereinstimmend: In diesem Jahr erkennen Sie Ihre Ziele etwas klarer. Möglicherweise machen Sie Pläne, um Ihre jetzige Lebensweise zu verändern.

Schritt 46: *Vergleichen der persönlichen Jahreszahl mit der Lebenszahl*

Übereinstimmend: In diesem Jahr treffen Sie Menschen, durch die Ihnen klarer wird, welchen Weg Sie gehen müssen, um Ihre Ziele zu erreichen. Sie erkennen jetzt besser als bisher, wer Ihnen dabei behilflich sein kann.

Schritt 47: *Wie oft kommt in Ihrer numerologischen Übersicht die Zahl sieben und/oder fünf vor? Beachten Sie hierbei nur die in der Übersicht enthaltenen Werte und nicht die Werte der „Ego"- oder Manifestationszahlen.*

Wenn die Sieben und die Fünf in Ihrer Übersicht häufiger vorkommen, neigen Sie dazu, der *Realität zu entfliehen*. Der einfachste Weg hierzu ist der Griff zum Suchtmittel, das Ihnen hilft, die tägliche Realität in den Hintergrund zu verbannen, und in Ihnen ein angenehmes, belebendes Gefühl hervorruft. Sie können von bestimmten Gefühlen, wie zum Beispiel Kummer, Verliebtsein, Langeweile, Sex, Einsamkeit, Arbeit besessen sein und sich keine Ruhe gönnen, abhängig oder süchtig nach bestimmten Dingen werden, wie Rauchen, Kaffee oder zuviel beziehungsweise zuwenig Essen. Auch eine Zwangsneurose ist eine Art der Abhängigkeit. Zwar sind die meisten Menschen von irgend etwas abhängig, jedoch kann der Grad der Abhängigkeit stark variieren. Wenn Sie die Ursache Ihres „Fluchtverhaltens“ herausfinden, können Sie einen Ausweg in Form einer Ausdrucksmöglichkeit finden, die Ihnen hilft, sich zu einem glücklicheren und ausgeglicheneren Menschen zu entwickeln.

Kommt die Sieben und/oder die Fünf drei- oder viermal vor, neigen Sie gelegentlich dazu, die Realität zu meiden.

Kommt die Sieben und/oder die Fünf fünf- oder sechsmal vor, verschließen Sie Ihre Augen vor der Realität und ziehen sich völlig zurück.

Kommt die Sieben und/oder die Fünf siebenmal oder öfter vor, haben Sie eine starke Neigung, der Realität zu entfliehen. Möglicherweise leiden (oder litten) Sie unter einer leichten Zwangsneurose und brauchen sehr viel Zeit, um emotionale Erfahrungen zu verarbeiten.

11. Numerologische Berechnungen mit dem Computer

Das Computerprogramm *Merlin* läuft auf allen MS-DOS-Rechnern. *Merlin* erstellt automatisch alle in diesem Buch genannten numerologischen Berechnungen, die entweder am Bildschirm gelesen oder ausgedruckt werden können. Dies gilt auch für die wichtigsten Interpretationen zu den errechneten Zahlen. Das Programm erarbeitet eine Zahlenanalyse sowie eine entsprechende Übersicht mit den persönlichen Tagen, Monaten, Jahren und so weiter. Dieses besonders benutzerfreundliche Programm, das ebenfalls unter Microsoft Windows läuft, kann auch mit Maus bedient werden.

Merlin umfaßt zusätzlich ein Programm zur Erstellung des Biorhythmus, ein I-Ging- und ein Tarot-Programm. Außerdem enthält es eine Datenbank zur Eingabe der Namen und Angaben Ihrer Klienten, ermöglicht das Speichern von Beratungen und vieles mehr.

Wenn Sie mehr über *Merlin* wissen wollen, wenden Sie sich an Ihre Buchhandlung oder schreiben Sie an:

Windpferd-Verlag
"Merlin-Info"
Postfach
D-87648 Aitrang

12. Numerologische Zahlenübersicht

In das Formblatt zur numerologischen Zahlenübersicht auf der folgenden Seite können Sie die Daten der von Ihnen durchgeführten numerologischen Analysen eintragen. Machen Sie sich zu diesem Zweck einfach einige Kopien von dieser Seite.

Numerologische Zahlenübersicht

Datum: ____________

Name: ________________ Wohnort: ________________
Geburtsname: ________________ Geburtsort: ________________
Geburtstag: ________________ Geburtszeit: ________________

Fünf Grundzahlen:		*Farbe:*	*Edelstein:*	*Planet:*
Seele:	____	________	____________	________
Verhalten:	____	________	____________	________
Entwicklung:	____	________	____________	________
Ziel:	____	________	____________	________
Lebenslauf:	____	________	____________	________

Zyklen und Übergänge:

Große Zyklen: ________________

Kleine Zyklen: ________________

Übergänge: ________________

Lebenseinstellung:

Lebenslektion(en): ____________
Primärreaktion: ____________
Ich-selbst (Ego) ____________
Zusammen: ____________
Die anderen: ____________

Vererbte Merkmale:

Starke Charakterzüge: ________
Basis: ________
Einstellung: ________
Spezielle Charakterzüge: ________
Familienname: ________

Angaben zur Geburt:

Geburtstag: ________
Geburtszeit: ________
Pers. Jahr/Monat/Tag: ____/____/____
Geburtsort: ________

Ausdrucksbereiche:		*Elemente:*		*Aktivitätsbereich:*		*Manifestation:*	
Ausdruck:	____	Feuer:	___	Selbstbezogen:	___	Verstand:	___
Berufshinweis:	____	Erde:	___	Zweiseitig:	___	Körper:	___
Das Ego:	____	Luft:	___	Ausgeglichen:	___	Gefühl:	___
Wohnortzahl:	____	Wasser:	___			Intuition:	___

Zusätzliche Informationen: 1. Vokal: ___ Alter: ________

Zahlentabelle:			
	1: ___	4: ___	7: ___
	2: ___	5: ___	8: ___
	3: ___	6: ___	9: ___

Numerologische Zahlenübersicht

Datum: ____________

Name:	____________	Wohnort:	____________
Geburtsname:	____________	Geburtsort:	____________
Geburtstag:	____________	Geburtszeit:	____________

Fünf Grundzahlen:		*Farbe:*	*Edelstein:*	*Planet:*
Seele:	____	________	____________	________
Verhalten:	____	________	____________	________
Entwicklung:	____	________	____________	________
Ziel:	____	________	____________	________
Lebenslauf:	____	________	____________	________

Zyklen und Übergänge:		**Lebenseinstellung:**	
Große Zyklen:	____________	Lebenslektion(en):	____________
		Primärreaktion:	____________
Kleine Zyklen:	____________	Ich-selbst (Ego)	____________
		Zusammen:	____________
Übergänge:	____________	Die anderen:	____________

Vererbte Merkmale:		**Angaben zur Geburt:**	
Starke Charakterzüge:	________	Geburtstag:	________
Basis:	________	Geburtszeit:	________
Einstellung:	________	Pers. Jahr/Monat/Tag:	____/____/____
Spezielle Charakterzüge:	________	Geburtsort:	________
Familienname:	________		

Ausdrucksbereiche:		*Elemente:*		*Aktivitätsbereich:*		*Manifestation:*	
Ausdruck:	____	Feuer:	___	Selbstbezogen:	___	Verstand:	___
Berufshinweis:	____	Erde:	___	Zweiseitig:	___	Körper:	___
Das Ego:	____	Luft:	___	Ausgeglichen:	___	Gefühl:	___
Wohnortzahl:	____	Wasser:	___			Intuition:	___

Zusätzliche Informationen:		1. Vokal: ___	Alter: ________
Zahlentabelle:	1: ___	4: ___	7: ___
	2: ___	5: ___	8: ___
© Windpferd Verlag	3: ___	6: ___	9: ___

Angelika Hoefler

Die Psychologie des Namens

Wie Sie buchstäblich Menschen an ihrem Namen erkennen · Der Schlüssel zur Persönlichkeit

Die Psychologie des Namens ist ein unglaublich faszinierendes System der Namensanalyse. Jeder Buchstabe unseres Namens ist wie ein Mantra, ein heiliger Laut – und alle Buchstaben des Namens zusammen ergeben eine Melodie: unsere Lebensmelodie.
Der Name offenbart vieles: Möglichkeiten, uns zu verwirklichen, Bereiche, in denen wir unsere Energie optimal entfalten können, und wie unser Denken und Handeln oft miteinander jonglieren – und was daraus folgt. Wir sehen, wie wir sind, wie wir uns geben und wie andere uns sehen. Jeder Name ein aufgeschlagenes Buch, dessen Lektüre sich auf vielen Ebenen lohnt.

ISBN 3-89385-163-1
www.windpferd.com

Marion Röbkes

Wahrsagen mit Skatkarten

Legetechniken und Deutungen für Liebe, Partnerschaft, Beruf und Zukunftsplanung

Sie möchten wissen, was die Zukunft bringt, wollen erfahren, in welche Richtung sich Ihre Partnerschaft entwickelt, oder einfach nur, ob der morgige Tag einen positiven Aspekt hat? Fragen Sie Ihre Skat-Karten! Marion Röbkes verrät Ihnen alles Wissenswerte rund um die Deutung mit den vielbeliebten Spielkarten, die nahezu in jedem Haushalt vorrätig sind. Von Herz 7 bis Kreuz As, jede Karte birgt geheimnisvolles Wissen in sich, das Ihnen Zukünftiges offenbart – Sie müssen es nur richtig interpretieren!
"Wahrsagen mit Skatkarten" gibt es als Deutungsbuch, aber auch als Set, bestehend aus diesem Buch zusammen mit den "Wahrsage-Lern-Karten mit aufgedruckten Deutungen".

160 Seiten, 3-89385-321-9
www.windpferd.com

Henning Müller-Burzler

Das Handbuch für Allergiker

Das Allergie-Syndrom erkennen und heilen

Dieser umfassende Ratgeber gibt viele praktische Tips und Empfehlungen, mit denen Allergien und die damit verbundenen Erkrankungen erfolgreich und nachhaltig geheilt werden können.Da die meisten Allergien umweltbedingte Ursachen haben, ist eine dauerhafte Heilung nur dann möglich, wenn der Körper von den Umweltgiften befreit und das Immunsystem gestärkt wird. Neben einem 10-Punkte-Ernährungsprogramm für Allergiker und vielen naturheilkundlichen Therapieratschlägen wird in diesem Buch erstmalig die von Henning Müller-Burzler, Heilpraktiker und Allergiespezialist, entwickelte Vitamin-Entgiftung vorgestellt. Dabei handelt es sich um eine Kombination von fünf natürlichen Vitaminen, die den ganzen Körper von allen chemischen Umweltgiften, Medikamenten, Schwermetallen und Stoffwechselschlacken entgiften kann.

192 Seiten · ISBN 3-89385-335-9
www.windpferd.com

Thomas Kinkele

Spirituelles Räuchern

Das Enneagramm der Düfte: der Weg zur inneren Mitte, sinnhafte Erlebnisse, Rituale, Planeten, Signaturen, Alchimie, Archetypen, Räucherstoffe, Techniken, Utensilien, Ennearom und vieles mehr

Spirituelles Räuchern, ein praktisches Handbuch über alles, was man zum Räuchern wissen muß – und zugleich eine Fundgrube, die in puncto Symbolik und Kosmologie alle Register zieht.
Welcher Duft paßt zu mir? Welche Pflanze soll ich räuchern. Was bedeutet es, wenn ich einen Duft mag oder ablehne?
Aus einer Verschmelzung von Enneagramm und aromatologischer Entsprechung wurde ein äußerst wirkungsvolles Räuchersystem entwickelt, das den Vorgang der Verfeinstofflichung von Pflanzenmaterial zu einem alle Sinne erfassenden Erlebnis werden läßt.

256 Seiten ISBN 3-89385-350-2
www.windpferd.com